Implorez Dieu de vous aider à

Briser le mauvais sort,
Neutraliser
les mauvais coups,
Renforcer votre protection,
Préserver vos biens
et vos droits

Par le Pouvoir de Saint Michel Archange
L'intercession de la Ste Vierge Marie,
la Mère des Miracles
L'aide de Saint Expédit, soutien efficace
L'active vigilance de nos Anges-gardiens
Au nom du Seigneur Jésus Christ

ISBN : 978-2-9593024-2-8

Rufine Sarah Bermond

Implorez Dieu de vous aider à

Briser le mauvais sort, Neutraliser les mauvais coups, Renforcer votre protection, Préserver vos biens et vos droits

Par le Pouvoir de Saint Michel Archange
L'intercession de la Ste Vierge Marie,
la Mère des Miracles
L'aide de Saint Expédit, soutien efficace
L'active vigilance de nos Anges-gardiens
Au nom du Seigneur Jésus Christ

Chères lectrices, Chers lecteurs,

L'acquisition illégale d'objets générant une dette karmique à s'acquitter à un moment inattendu, usez de votre droit de vous assurer que votre livre n'est pas une contrefaçon, mais un original, c'est-à-dire une part qui vous revient en toute transparence. C'est cette part qui vous donne le pouvoir d'agir efficacement tant en l'Esprit que devant les hommes.

Vous méritez ce qui est juste et équitable. Réclamez donc votre original et jouissez-en paisiblement.

Passez davantage de temps avec Dieu Notre Père, et Il se plaira de vous protéger, de vous aider davantage !

C'est vrai ! Dieu peut transformer en réjouissantes opportunités les mauvais coups qui vous sont portés, le mauvais sort qu'on vous a jeté, les problèmes qui vous accablent ! A condition de savoir être avec Lui.

Alors, si on vous créé des problèmes par convoitise, par jalousie, par mépris de vos droits réels, ou par méchanceté, si vous êtes injustement attaqué, malmené, menacé,

Ne soyez pas laxiste ! Non ! Et non ! Ne soyez pas laxiste ! Pourquoi ? Parce que le laxisme prolongé conduit inévitablement à la totale déception, et/ou à la dépossession partielle ou totale.

Jésus nous demande de pardonner à notre frère tant qu'il nous demande pardon.

> « *Prenez garde à vous-mêmes ! Si ton frère a commis un péché, fais-lui de vifs reproches, et,* ***s'il se repent, pardonne-lui.*** *Même si sept fois par jour il commet un péché contre toi, et que sept fois de suite il revienne à toi en disant : "Je me repens", tu lui pardonneras.* » (C'est dans Luc 17.3 à 17.4.)

Pourquoi ? Parce que Dieu Notre Père nous pardonne chaque fois que nous Lui demandons sincèrement pardon avec un cœur repentant.

Oui, il est normal de faire des reproches à quelqu'un qui se conduit mal. Ne pas faire des reproches quand il le faut, c'est encourager la mauvaise conduite, et s'exposer à subir ses conséquences.

Oui, il est juste et bon de pardonner toute personne qui vous demande le pardon. Ne pas pardonner surtout quand on vous demande pardon, c'est s'enfermer dans ce qui fait mal.

Oui, il est bon de prier pour vos ennemis qui croient agir dans le bon sens alors qu'ils se trompent de combat. Autrement, prier pour un ennemi c'est perdre du temps et de l'énergie. Est-ce que les anges prient pour la protection des démons ? Est-ce que les anges aiment les démons ? S'ils procédaient ainsi, il y aurait trop de mélange en eux au point de ne plus savoir quoi faire exactement.

Les gens qui vous portent volontairement les mauvais coups, vous demandent-ils pardon ? Si oui, pour vous endormir.

Alors non ! Ne restez pas regarder les gens s'amuser à vous faire souffrir, s'enorgueillir de vous malmener, ou pire s'organiser à provoquer votre disparition pour leurs malhonnêtes intérêts.

Vous avez le droit de vous en plaindre à de Dieu Notre Saint Père-Créateur, pour l'implorer que soient neutralisées leurs mauvaises manœuvres.

Surtout si vous prenez la bonne habitude d'être proche de

Dieu et de Jésus Christ son Saint Fils, si vous faites sincèrement de votre mieux pour rester sur le Saint chemin, si vous êtes reconnaissant envers la Sainte Vierge Marie, la mère du Christ, et si vous avez pour unique recours Dieu Notre Père et ses Merveilleuses Forces Bienveillantes, l'Archange Saint Michel est disposé à neutraliser l'injuste pression exercée sur vous.

Surtout, si vous n'agissez pas comme les injustes, n'hésitez pas d'implorer le Seigneur Jésus Christ de vous aider. Lui l'Innocent, le Juste Vaillant Saint Fils de Dieu, connaissant l'amertume de l'injustice, il vous aidera si vous manifestez avoir réellement besoin de son aide.

Cet ouvrage a pour but de vous aider à changer en réjouissante opportunité les mauvais coups qui vous sont injustement portés, le mauvais sort qui vous a été jeté, et de faire ressentir à vos ennemis que le Pouvoir de Dieu Notre Père est au-dessus de tout, de toutes et de tous.

C'est vrai ! Vous pouvez triompher de leurs mauvais coups et de leurs envoûtements en les mettant en état d'expérimenter l'agacement de Dieu Notre Père, face aux gens injustement délibérément malveillants.

Dans ce sens, c'est ce que nous rapporte le prophète Jérémie dans son livre aux chapitres 20 et 21.

Ne croyez surtout pas perdre le temps en lisant de tels témoignages. Car en prendre connaissance attire l'attention de Dieu sur vous. Il voit que vous, vous prenez le temps de vous intéresser à ce qu'Il a déjà accompli. Et c'est une très bonne chose pour vous. Regardez la joie d'un artiste quand quelqu'un s'intéresse à son œuvre alors que d'autres n'y font pas attention. Celui-là, il se fait plaisir de le retenir.

Alors, voyons le témoignage du prophète Jérémie. Que son témoignage vous renforce, vous qui vous en remettez à Dieu de façon sincère.

« 01 Le prêtre Pashehour, fils d'Immer, responsable de l'ordre dans le temple. Il entendit ce que prophétisait Jérémie.

02 Alors Pashehour gifla le prophète Jérémie et le fit attacher au poteau qui est à la porte Haute de Benjamin, par laquelle on entre dans le temple.

03 Le lendemain, comme Pashehour le faisait détacher du poteau,

Jérémie lui dit : Le SEIGNEUR ne t'appelle plus « Pashehour », mais « Épouvante-de-tous-côtés »

04 car, ainsi parle le SEIGNEUR : « Voici que je vais faire de toi un épouvantail, pour toi-même et tous tes amis. Ils tomberont sous l'épée de leurs ennemis : tu le verras de tes yeux. Je vais livrer tous les gens de Juda aux mains du roi de Babylone. Il les déportera à Babylone ; il les frappera de l'épée.

05 Je livrerai toutes les réserves de cette ville, tout le fruit de son labeur et tout ce qu'elle a de précieux. Je livrerai tous les trésors des rois de Juda aux mains de leurs ennemis qui les pilleront, les prendront et les emporteront à Babylone.

06 Toi, Pashehour, et tous les habitants de ta maison, vous partirez en captivité. Tu iras à Babylone ; là, tu mourras ; là, tu seras enterré, toi et tous tes amis auxquels tu as prophétisé le mensonge. »

07 SEIGNEUR, tu m'as séduit, et j'ai été séduit ; tu m'as saisi, et tu as réussi. À longueur de journée je suis exposé à la raillerie, tout le monde se moque de moi.

08 Chaque fois que j'ai à dire la parole, je dois crier, je dois proclamer : « Violence et dévastation ! » À longueur de journée, la parole du SEIGNEUR attire sur moi l'insulte et la moquerie.

09 Je me disais : « Je ne penserai plus à lui, je ne parlerai plus en son nom. » Mais elle était comme un feu brûlant dans mon cœur, elle était enfermée dans mes os. Je m'épuisais à la maîtriser, sans y réussir.

10 J'entends les calomnies de la foule : « Dénoncez-le ! Allons le dénoncer, celui-là, l'Épouvante-de-tous-côtés. » Tous mes amis guettent mes faux pas, ils disent : « Peut-être se laissera-t-il séduire... Nous réussirons, et nous prendrons sur lui notre revanche ! »

11 Mais le SEIGNEUR est avec moi, tel un guerrier redoutable : mes persécuteurs trébucheront, ils ne réussiront pas. Leur défaite les couvrira de honte, d'une confusion éternelle, inoubliable.

12 SEIGNEUR de l'univers, toi qui scrutes l'homme juste, toi qui vois les reins et les cœurs, fais-moi voir la revanche que tu leur infligeras, car c'est à toi que j'ai remis ma cause.

13 Chantez le SEIGNEUR, louez le SEIGNEUR : il a délivré le malheureux de la main des méchants.

14 Maudit soit le jour où je suis né ! Le jour où ma mère m'a enfanté, qu'il ne soit pas béni !

15 Maudit soit l'homme qui annonça à mon père cette nouvelle qui le combla de joie : « Il t'est né un fils, un garçon ! »

16 Cet homme deviendra pareil aux villes que le SEIGNEUR a renversées sans pitié. Il entendra la clameur au matin, et le cri de guerre en plein midi.

[17] Maudit soit le jour qui ne m'a pas fait mourir dès le ventre : ma mère serait devenue mon tombeau, et son ventre me porterait toujours.

[18] Pourquoi donc suis-je sorti du ventre ? Pour voir peine et tourments, et mes jours s'achever dans la honte ? »

Le prophète Jérémie termine ce passage avec les paroles extrêmement dures laissant comprendre que c'était très difficile pour lui. C'était trop dure pour lui alors qu'il faisait de son mieux pour vivre conformément à ce que Dieu attendait de lui, tout en aidant les autres à faire de même.

Mais remarquez ! Même si Jérémie se lamente sur ce qui lui arrive à cause de Dieu, il n'oublie pas d'adresser ses louanges à Dieu. Car il sait que ce qui lui arrive n'est pas la volonté de Dieu, mais le cœur endurci et perverti de ses ennemis. Face à tout cela, Jérémie sait que Dieu est le Tout-Puissant et qu'Il peut l'aider à s'en sortir.

Et Dieu entendit la détresse de Jérémie. Il comprit sa déception. Alors Il fit grâce à sa prière sans trop tarder, en témoigne la suite de son récit dans Jérémie 21.

Ne vous découragez donc pas ! N'abandonnez donc pas Dieu Notre Père, malgré tout ce que vous pouvez ressentir, malgré tout ce que vous pouvez subir ! Présentez Lui les faits et votre souffrance aussi, vos déceptions, également votre espoir en Lui, votre louange pour Lui. Et tenez bon !

Pour cela, protégez-vous du mieux que vous pouvez, avec les moyens dont vous disposez. Pour les opportunités et le pouvoir, dont vous avez besoin, pour triompher de tout cela, priez Dieu et ses Merveilleuses Forces Bienveillantes. Alors vous verrez, Il agira, d'une façon ou d'une autre, Il vous fera des signes à saisir. Car avec Dieu, il y a vraiment un temps pour tout. A vous donc de tenir bon pour voir ce temps arriver. C'est ce que je fais. Voilà pourquoi j'avance harmonieusement à mon rythme au cœur de mes épreuves et de mes joies.

Tous les jours, de génération en génération à travers les âges ! Adorons ! Bénissons ! Glorifions ! Louons et Respectons le SEIGNEUR Souverain des univers, Dieu Notre Père Bienveillant.

Amen. Amen. Amen.

Comment prier à l'aide de cet ouvrage ?

Vous savez que Dieu Notre Père apprécie ce qui Lui est donné de bon cœur. Vous pouvez donc, en fonction de votre endurance :

- Suivre l'organisation ici proposée : prière d'invocation, la semaine choisie avec ses prières, poursuivre par les prières pour nos nécessités permanentes, et terminer par les prières de demande d'aide à nos puissants alliés.
- Ou comme un livre ordinaire, (mais tel n'est pas le cas pour les livres de communication avec Dieu) commencer par la première page, tous les jours, lire lentement quelques pages, les unes après les autres.
- Vous pouvez également ouvrir le livre par providence, et lire tranquillement la prière sur laquelle vous tombez. Ou alors vous pouvez sélectionner une ou des prières qui vous intéressent, et les faire quotidiennement, tant que vous en ressentez le besoin.
- La Parole de Dieu Notre Père apportant savoir et bienfaits indispensables, il est essentiel de prendre davantage connaissance des Textes Sacrés, et ainsi baigner dans l'Énergie Divine.
- Les actions de louange et d'adoration permettant d'élever la prière au meilleur niveau, n'hésitez pas de lire les psaumes de louange à Dieu pour ses bienfaits. Alors Lui, dont les bras débordent de dons, vous comblera pour

manifester ses bienfaits.

Dans tous les cas, vous tenez-là un livre à utiliser pour assurer votre sécurité et celle des vôtres.

Alors, bonnes séances !

Prière d'Invocation à Dieu Tout-Puissant, quand on est dépassé

Pour cela, prendre soin de Lui parler avec franchise et reconnaissance, adoration, animé du réel souhait d'agir au mieux parce qu'Il veut vous voir Lui ressembler.

Parce que le SEIGNEUR est Mon Dieu, Bienveillant Miséricordieux,
Je souhaite qu'Il tienne compte de ma prière, et m'exauce. Amen.

En l'Honneur et pour la Gloire de la Sainte Trinité !

Par le Rayonnement de Saint Michel Archange, l'intercession de la Sainte Vierge Marie la Mère des miracles, l'aide de Saint Expédit, le soutien des Saints et des Saintes, les dons du Saint-Esprit, au nom du Seigneur Jésus Christ[1] ! Me voici !

Ô Éternel ! SEIGNEUR Souverain des univers ! Dieu Tout-Puissant ! Dieu Saint ! Dieu Fort ! Dieu Immortel ! Père-Créateur de toute chose ! Dieu d'Abraham ! Dieu d'Isaac ! Dieu d'Israël ! Dieu que Moïse et Aaron ont servi dans le désert ! Dieu qui a parlé par les prophètes ! Tu es Merveilleux ! A toi, davantage respect, amour, fidélité, louange et gloire ! Amen !

---

1 Joindre vos mains paume contre paume en inclinant bien la tête, également à la fin du signe de croix et au moment de marquer la pause.

Dieu que nous a révélé le Seigneur Jésus Christ comme nulle personne auparavant ! Tu es Merveilleux ! A toi, davantage respect, amour, fidélité, louange et gloire de génération en génération à travers tous les âges ! C'est très bien ainsi.

Je te remercie pour la nuit passée. Je te remercie pour ce nouveau jour. Je te remercie pour tes bienfaits. Ils sont innombrables et variés. Merci SEIGNEUR ! Loué et respecté sois-tu davantage ô Mon Dieu. Amen.

Ô toi qui commandes la matière, quel que soit son état, elle prend vie ! Qui est comme toi, Éternel Mon Dieu ! Tu es Merveilleux ! Amen.

Ô toi qui commandes les éléments, même les plus farouches, ils t'écoutent et t'obéissent ! Qui est comme toi, Éternel Mon Dieu ! Tu es Merveilleux ! Amen.

Ô toi qui apportes Ta Lumière, et créés la vie là où il n'y avait que les ténèbres, et tout s'anime ! Qui est comme toi, Éternel Mon Dieu ! Tu es Merveilleux ! Amen.

Alors oui loué ! Loué et respecté sois-tu davantage ! Davantage, bénis soient ta Parole, ta Force, ta Puissance, ton Pouvoir ! Davantage, bénis soient tes Œuvres, tes Projets, tes fidèles serviteurs et servantes ! Grande Paix dans ton Empire, notamment à quiconque t'aime, te craint, t'adore et te respecte en vérité ! C'est très bien ainsi. Amen.

Humblement, je t'invoque et me relie volontairement à toi avec la confiance d'une creature désemparée à son

Bienveillant Créateur, dans la position d'un enfant en difficulté à son Bon Père. -Pause-

Me voici ! Mon Père-Créateur, me voici ! Je me mets humblement à genoux pour toi ô SEIGNEUR Dieu des univers, non par contrainte, mais par respect, non par peur, mais par amour, non pour pénitence, mais par reconnaissance, et pour te vénérer ô Éternel Mon Dieu ! Amen.

Par ce geste ô Saint Père Céleste, humblement, je te manifeste mon respect, ma crainte, mon amour, ma reconnaissance. Par ce geste ô SEIGNEUR des Seigneurs, humblement, j'invoque et j'accueille ton Pouvoir de nous libérer et nous protéger de toute emprise malsaine, malveillante, déroutante, affligeante. Amen.

Par ce geste ô Éternel ! Mon Dieu, Mon Père-Créateur, humblement, j'invoque et j'accueille ta Force de nous sanctifier et nous relever, afin de nous aider à intégrer le rang des personnages dont tu es fier, en fertilisant nos bons efforts, et en neutralisant nos mauvais actes pour les changer en réjouissantes opportunités de mieux nous comporter. Amen ! Tous les jours davantage respect, amour, fidélité, louange et gloire à toi ô Saint des Saints ! Amen ! (S'incliner délicatement)

Car c'est véritablement à travers la protection et l'aide que tu accordes aux personnes se tournant vers toi avec respect, crainte, amour et bonnes intentions, que tu alimentes davantage en nous le désir d'entretenir avec passion le Saint

Lien avec toi, quelle que soit la situation. Et c'est très bien ainsi. Saint Père Céleste, merci. En toute circonstance, davantage respect, amour, fidélité, louange et gloire à toi et à la Sainte Trinité ! Amen.

« *Mon âme, bénis l'Éternel ! Et n'oublie aucun de ses bienfaits !* » (Ps. 103.2)

Amen. Amen. Amen.

† Marquer une pause. Puis poursuivre par les Prières du jour.

Loué ! Loué et respecté soit davantage le SEIGNEUR Dieu Notre Père Bienveillant ! A lui davantage respect, amour, fidélité, louange et gloire. Amen.

Béni ! Béni et respecté soit davantage le Seigneur Jésus Christ Notre Sauveur-Rédempteur ! A lui davantage respect, attirance, amour, loyauté, ferveur et gloire. Amen.

Vénéré ! Vénéré et respecté soit davantage le Saint-Esprit de nos Merveilleux dons ! A lui davantage respect, amour, reconnaissance, vénération et gloire. Amen.

1ère SEMAINE

Si vous êtes injustement malmené, si vous vous sentez en danger, vous avez le droit d'adresser votre lamentation à Dieu Notre Père Bienveillant, afin qu'Il vous sauve.

Alors n'hésitez pas de passer davantage de temps avec Dieu, pour l'implorer de vous protéger et de vous aider.

Dans EXODE 3.16, Dieu Notre Père dit à Moïse : « *J'ai décidé d'agir pour vous aider.* » Il est bon de retenir que Dieu Notre Père nous aide. Mais Il n'agit pas à notre place. Oui, comme tout bon père humain, Dieu Notre Père n'agit pas à notre place. Mais Il nous aide. A vous de savoir saisir l'aide qu'Il vous donne et de la valoriser.

Voilà pourquoi, encore et encore, je vous encourage à faire du mieux que vous pouvez pour mener une vie sainte. Alors, Dieu Notre Père se plaira à vous protéger et à vous aider davantage.

Commencer par la Prière d'introduction, page 14
Puis poursuivre par les Prières du jour.

1er au 3ème jour de votre 1ère semaine : avec insistance prier Dieu et Jésus, de vous sauver

Supplication à Dieu et à Jésus Christ quand on est injustement maltraité

Pour cela, prendre la bonne attitude d'implorer sincèrement et, avec respect et réel souhait d'agir au mieux pour rester proche d'Eux, leur présenter votre supplication.

Parce que le SEIGNEUR est Mon Dieu, Bienveillant Miséricordieux, Je souhaite qu'Il me sauve et me protège. Amen.

Ô Éternel ! Mon Dieu Bien-Aimé ! Mon Père-Créateur ! Tu es Merveilleux ! Voilà pourquoi tu as créé ce monde. Tu es Merveilleux ! Voilà pourquoi, comme d'innombrables de tes créatures, je t'aime et t'admire, je t'adore. Voilà pourquoi, humblement, je me confie à toi, j'espère en toi. Oui, tu es Merveilleux. Loué et respecté sois-tu davantage ô SEIGNEUR Dieu des univers ! Amen.

Humblement, je t'en supplie ! Pardonne-moi pour mes péchés et aide-moi à les éviter, car je souhaite réussir à me conformer à ta sainte Volonté, car elle est indispensable à notre équilibre. Amen.

Humblement, je t'implore de ne pas laisser mes malveillants adversaires ni mes ennemis s'enorgueillir à nos dépens. Ils se servent du mal, et cela alimente le mal en eux et les détourne de toi. Ils asservissent le bien pour leurs vils intérêts, et cela est néfaste pour le bien.

Je t'en supplie ! Ne leur laisse pas le pouvoir de me faire le mal qu'ils projettent. Ne leur laisse pas le pouvoir de m'empêcher de mener la vie que tu m'as offerte. Ne leur laisse pas le pouvoir de s'en prendre à mes bonnes actions, ni à mes bons projets. Ne leur laisse pas le pouvoir d'accaparer mon attention, car c'est vers toi que je cherche à la diriger. Je t'en supplie ! Ne leur laisse pas le pouvoir d'avoir le dernier mot sur moi, car c'est à toi que j'appartiens et je cherche à éviter ce que tu désapprouves, afin de correspondre à l'image que tu attends de moi.

Je comprends que tu m'as créé pour un but précis, et je cherche à l'atteindre. S'il te plaît, ne laisse rien ni personne m'en empêcher.

Voilà pourquoi, humblement, je te supplie encore de me pardonner pour mes péchés, et faire en sorte que les mauvais coups opérés contre moi soient chaque fois, pour moi, une aubaine d'agir mieux que je ne l'avais envisagé. Ainsi j'aurai la grâce d'honorer davantage ton saint nom, et celui de ton Bien-Aimé Saint Fils, Jésus Christ. Amen.

« Merci SEIGNEUR, dès maintenant et pour toujours ! » (Ps. 113.2)

Tous les jours davantage respect, amour, fidélité, louange et gloire à toi ô Éternel Mon Dieu Bien-Aimé ! Mon Père-Créateur Adoré ! Le Dieu des solutions miraculeuses, tu es Merveilleux ! Respecté sois-tu davantage ! Amen !

Et à toi **ô Seigneur Jésus Christ** ! Sauveur-Rédempteur de l'humanité ! Mon Sauveur-Rédempteur ! Tous les jours davantage respect, attirance, amour, loyauté, ferveur et gloire à toi ô Bien-Aimé Puissant Saint Fils de Dieu Notre Père ! Amen.

Ô Seigneur Jésus Christ, Mon Bon Maître Bien-Aimé ! Humblement, je te supplie de me pardonner si je n'arrive pas à pardonner à mes malveillants adversaires ni à mes ennemis. Car ils se réjouissent de nous voir malheureux et préparent d'autres mauvais coups contre nous. Je n'éprouve de haine envers personne, ni même envers eux. Mais je dois me protéger de leurs malveillances, et j'ai besoin de ton aide ô Jésus Christ Mon Sauveur.

Humblement, je te supplie de me pardonner si je n'arrive pas à prier pour mes ennemis. Car quand je prie pour eux, ils se renforcent pour nous rendre la vie plus amère et s'en réjouir.

Dieu Notre Père me pardonne parce que je l'Aime. Même si je n'arrive pas à respecter toutes ses Instructions, je l'Aime. Je m'abstiens de l'éprouver volontairement. Je suis malheureux/se de le décevoir, je l'Aime. Mais ceux-là n'aiment qu'eux, ils cherchent à nous faire du mal et s'enorgueillir davantage. Voilà pourquoi nous devons nous protéger de leurs méfaits, surtout pour qu'ils ne nous empêchent pas d'atteindre le but que Dieu Notre Père attend de nous.

C'est pourquoi, humblement, je te supplie de me

comprendre, et m'aider à sortir indemne de leurs pièges, ainsi que des combats qu'ils me mènent ou me contraignent à mener. Je te supplie aussi de me guérir des coups et blessures qu'ils m'ont donnés, me relever et me renforcer. Car c'est toi mon Seigneur et mon Sauveur que je veux suivre mieux qu'autrefois, pour cela, ta protection et ton aide me sont indispensables. Amen.

« *Merci Seigneur, dès maintenant et pour toujours !* » (Ps. 113.2)

Tous les jours davantage respect, attirance, amour, loyauté, ferveur et gloire à toi ô Seigneur Jésus Christ ! Mon Bon Maître Bien-Aimé, Puissant Saint Fils de Dieu Notre Père Bien-Aimé ! Amen.

† Pour le principal, de tout mon cœur, de tout mon esprit, de toute mon âme, je souhaite vivement que Respect, Amour, Fidélité, Louange et Gloire soient davantage fervemment rendus ici, maintenant, toujours et partout au Père, au Fils, et au Saint Esprit, avec fervente Reconnaissance aux archanges et aux anges, aux saints et aux saintes, fidèles du Père, du Fils, et du Saint-Esprit. C'est très bien ainsi pour l'équilibre universel. Amen. Amen. Amen.

† Marquer une pause. Puis poursuivre par les Prières de fond pour nos nécessités permanentes, à partir de la page 80

4ème au 6ème jour de votre 1ère semaine : Implorer davantage Dieu de vous protéger et vous aider à tenir bon pour neutraliser vos ennemis

Prière de détresse à Dieu Tout-Puissant, tirée du Psaume 55[2]

Humblement, je t'en supplie ô Mon Dieu ! Mon Père-Créateur Bienveillant ! S'il te plaît ! Aie pitié de moi !

Pardonne-moi pour ce qui te déplaît de ma part, et sauve-moi, car c'est à toi que j'appartiens, non pas aux gens qui s'activent pour me faire du mal ou me faire périr.

Ils s'acharnent orgueilleusement, sournoisement. Ils me guettent pour m'évincer. Mais par ta grâce, une force invisible et invincible veille sur moi. Merci SEIGNEUR. Amen.

Le jour où j'ai peur, je prends appui sur toi.

A Dieu Bienveillant j'écoute et étudie la parole ! Sur Dieu Tout-Puissant, je prends appui ! Que plus rien ne me fasse peur ! Que peuvent sur moi des êtres de chair ou les esprits malveillants si Dieu Tout-Puissant ne les laisse pas faire !

Leurs paroles sont blessant, leurs attitudes sont outrageant. Ils aiment faire du mal. Ils voudraient même me faire périr.

Mais je sais que si tu le veux, Ô SEIGNEUR Souverain des univers, Dieu Juste et Miraculeux, ici même va s'arrêter l'orgueil des flots de leurs méfaits. Afin que celles et ceux qui

---

2 Psaume 55, traduction AELF.

t'aiment, te craignent, te respectent, t'adorent, soient sauvés de leurs méfaits, préservés de leur déroute. Amen.

Oui je t'appelle, ô SEIGNEUR Souverain des univers ! Mon Dieu Bien-Aimé ! Mon Père-Créateur Adoré ! Quand tu le décideras, mes ennemis seront neutralisés, et moi j'avancerai en paix, en contribuant davantage à l'épanouissement et à la pérennité de ta Sainte Vision, indispensable à l'équilibre universel. Alléluia ! Amen.

Je le constate : tes ennemis sont nos ennemis, nos ennemis sont donc tes ennemis ô Mon Dieu ! Mon Père-Créateur Adoré. Et je crois en ton infini Pouvoir ô Dieu Tout-Puissant. Je crois donc que le moment venu, tes ennemis seront neutralisés. Alors ta Sainte Vision se déploiera davantage. Amen.

C'est pourquoi je dis avec foi, sur Dieu Tout-Puissant je prends appui : que plus rien ne me fasse peur !
Que peuvent sur moi les êtres humains ou les esprits mauvais si Dieu ne les laisse pas faire !

Ô Éternel ! Mon Dieu Bienveillant ! Parce que tu me préserves de la mort prématurée et aussi de la chute, je tiendrai ma promesse en contribuant davantage dans ta Sainte Vision à travers des actes et attitudes qui te plaisent, bien sûr si, par ta grâce, rien ni personne ne m'en empêche, ainsi la suite de ma vie sera comme une jolie fleur à tes yeux, et mon nom à tes oreilles comme un écho mélodieux. Amen !

Jours et nuits, de génération en génération à travers tous les âges, davantage loué ! Loué et respecté soit la Sainte Trinité ! Béni soit le Royaume de Dieu Notre Père ! Bénie soit la Parole de Dieu Notre Père ! Grande Paix dans l'Empire de Dieu Notre Père, notamment à quiconque aime, craint, adore et respecte en vérité Dieu Notre Père-Créateur.

Amen. Amen. Amen.

† Marquer une pause. Puis poursuivre.

Lamentation tirée du Psaume 49

quand on est injustement maltraité, dépossédé

Humblement, je t'en supplie encore ! S'il te plaît :

Prends pitié de moi ô SEIGNEUR Souverain des univers ! Car c'est à toi que j'appartiens et non pas à eux. Ma vie doit-elle s'achever dans les larmes, et mes années dans les souffrances ?

Je reconnais que pécher cherche à me faire perdre mes grâces, et mes ennemis en profitent pour éprouver ma foi en toi.

Dois-je devenir la risée de mes adversaires et même de mes voisins ? J'ai l'impression de faire peur même à mes proches, car ils me rejettent, me boudent ou m'évitent.

Je pressens quelque chose contre moi. Je pressens un complot contre moi. Je constate qu'on me calomnie. Pour le prix de ma bienveillance, c'est la malveillance qu'ils me préparent. Pour le prix de mon indulgence, c'est la méchanceté qu'ils déploient contre moi.

Mais moi, j'ai confiance en toi ô SEIGNEUR Souverain des univers ! Mon Dieu Bien-Aimé ! Mon Père-Créateur Adoré ! A toi davantage respect, amour, fidélité, louange et gloire de génération en génération. Amen.

Je reconnais que c'est toi le Dieu Créateur de tout le monde.

Je reconnais que tu es Bienveillant et plus encore. Je sais que si tu le veux, toute leur manigance ne servira qu'à nous rendre plus forts, plus intelligents, plus prudents, et davantage proches de toi. Amen.

Ma vie est entre tes saintes mains. Mon âme te cherche. Mon esprit est à toi. Moi, j'en souhaite une paisible et constructive jouissance, pour mieux être et demeurer avec toi. Amen.

C'est pourquoi je t'implore encore de me sauver, et m'aider dans mes nécessités matérielles, morales, et spirituelles, ainsi que dans mes justes droits. De sorte que de leurs yeux et/ou de leurs oreilles seulement, quand tu le voudras pour ta Gloire, ils constatent notre paix, prospérité et sainteté sans pouvoir les stopper. Amen.

Humblement, je te supplie encore ô SEIGNEUR Dieu des univers, de me préserver de l'humiliation, moi qui me confie à toi et m'en remets à toi.

Je reconnais qu'ils sont grands et formidables tes bienfaits. Tu les réserves aux personnes qui te respectent et t'aiment, tu les laisses trouver refuge en toi. C'est très bien ainsi.

† Alors oui ! Pour le principal, de tout mon cœur, de tout mon esprit, de toute mon âme, je souhaite vivement que Respect, Amour, Fidélité, Louange et Gloire soient davantage fervemment rendus ici, maintenant, toujours et partout au Père, au Fils, et au Saint-Esprit, avec fervente Reconnaissance aux archanges et aux anges, aux saints et aux saintes, fidèles du Père, du Fils, et du Saint-Esprit. C'est

très bien ainsi pour l'équilibre universel.

Amen. Amen. Amen.

† Marquer une pause. Puis poursuivre par les Prières de fond pour nos nécessités permanentes, à partir de la page 80

Loué ! Loué et respecté soit davantage le SEIGNEUR Dieu Notre Père Bienveillant ! A lui davantage respect, amour, fidélité, louange et gloire. Amen.

Béni ! Béni et respecté soit davantage le Seigneur Jésus Christ Notre Sauveur-Rédempteur ! A lui davantage respect, attirance, amour, loyauté, ferveur et gloire. Amen.

Vénéré ! Vénéré et respecté soit davantage le Saint-Esprit de nos Merveilleux dons ! A lui davantage respect, amour, reconnaissance, vénération et gloire. Amen.

2ème SEMAINE

Si vous êtes réellement victime des mauvais coups, des malveillances, des sortilèges, prier davantage qu'en temps ordinaire est indispensable.

Pour cela, priez au moins deux fois par jour. Et en cours de journée pour renforcer votre bouclier. En effet, celles et ceux qui vous en veulent attendent un relâchement de votre part pour trouver la faille et vous porter un coup fatal.

Alors oui ! Priez davantage qu'en temps ordinaire. Priez mieux qu'auparavant.

Et si vous arrivez à éviter ce qui déplaît à Dieu Notre Père et à faire ce qui Lui plait, Il verra que vous n'êtes pas comme vos malveillants adversaires, ni comme vos ennemis. Alors, Il se plaira de vous protéger et de vous aider davantage.

Commencer par la Prière d'introduction, page 14
Puis poursuivre par les Prières du jour.

1er au 3ème jour de votre 2ème semaine :

Prier pour défendre vos droits et pour stériliser l'orgueil du méchant

Lamentation à Dieu Tout-Puissant quand on est victime de mauvais coups

Pour cela, prendre la bonne attitude de L'implorer sincèrement et, avec respect et réel souhait d'agir au mieux pour rester proche de Dieu, Lui présenter votre lamentation.

Parce que le SEIGNEUR est Mon Dieu, Bienveillant Miséricordieux, Je souhaite qu'Il me sauve et me protège de leurs mauvais coups. Amen.

Ô Éternel ! Dieu Tout-Puissant Saint Père-Bienveillant ! C'est toi Mon Dieu ! Merveilleux ! Merveilleux ! Tu es Merveilleux ! Amen.

Tous les jours loué ! Loué et respecté sois-tu davantage ! Amen ! A toi davantage respect, amour, fidélité, louange et gloire de génération en génération à travers tous les âges. C'est très bien ainsi. Amen.

Me voici ! Humblement, je me tourne vers toi car tu es Bon, tu es Juste. Je viens me plaindre auprès de toi ô Saint Père Céleste, Dieu Bon, Juste ! Dieu des retournements réjouissants ! Dieu des bonnes nouvelles ! Tu es Merveilleux ! A toi davantage louange et gloire. Amen.

Humblement, je te supplie de me pardonner pour mes offenses envers toi, car je ne fais pas exprès. Je souhaite réellement éviter de te décevoir. Mais parfois je n'y arrive pas.

Raison pour laquelle, je t'implore de me pardonner et de jeter un regard sur les mauvais coups qui m'ont été portés, sur le mauvais sort qu'ils m'ont jeté. Je t'implore de constater l'orgueil de mes adversaires. Ils n'hésitent pas de s'animer de sentiments ténébreux pour me malmener. Servant plusieurs maîtres à la fois, certains d'entre eux se tournent vers des forces obscures pour faire du mal à autrui, alimentant ainsi leur orgueil. D'autres, l'air de rien, te prient parallèlement comme si tout cela était normal, alimentant davantage leur orgueil quand ils sont exaucés. Ils t'avouent être pécheurs non pas pour changer, mais pour continuer de pécher tout en nous narguant.

Mais tout cela, tu le sais ! Tu sais donc que moi, c'est en toi et en ton Bien-Aimé Vaillant Saint Fils, Jésus Christ mon Seigneur, et en tes Merveilleuses Célestes Forces que je mets ma confiance et espère ma protection, ma réussite dans mon travail et, bien sûr, mon salut. Amen.

Voilà pourquoi humblement, je te supplie encore en t'implorant ! S'il te plaît ! Ne les laisse pas déshonorer ma foi en toi. Ne les laisse pas défier orgueilleusement ma confiance en toi par leurs malveillances. Merci SEIGNEUR. Amen.

Tous les jours loué sois-tu davantage ô Éternel Mon Dieu Bien-Aimé ! Mon Père-Créateur ! Oui ! Davantage respect, amour, fidélité, louange et gloire à toi ô Mon Dieu ! Le Dieu des retournements réjouissants ! Tu es Merveilleux ! Tu es Merveilleux ! Amen !

Humblement, je te supplie encore de ne pas laisser mes ennemis, ni mes adversaires se réjouir de me voir à terre. Non ne les laisse pas s'emparer de ce qui est à moi ou doit me revenir. Car ce qui est à moi te revient ! Moi je souhaite une paisible et constructive jouissance pour mieux manifester ta Grandeur. Amen.

Alors je t'en supplie ! Ne leur laisse pas le pouvoir de m'empêcher de m'accomplir pleinement dans le bon sens, de tenir mes bonnes résolutions avec succès, pour l'épanouissement et la pérennité de ta Sainte Vision, indispensable à l'équilibre universel. Amen.

Ô Saint Père Céleste ! Dieu Tout-Puissant ! Dieu des Miracles ! Père de la Protection notamment des personnes qui t'implorent en faisant de leur mieux pour éviter de te décevoir !

Humblement, je t'implore de ne pas leur laisser le pouvoir de m'atteindre, moi qui ai mis ma confiance en toi, moi qui ne cesse de faire de mon mieux pour éviter de te décevoir, mais cherche à rester proche de toi et à te servir à mon niveau, du mieux que je le peux.

Voilà pourquoi, je t'implore encore ô Dieu Tout-Puissant, Mon Dieu Bien-Aimé ! S'il te plaît ! Sauve-moi SEIGNEUR de leurs malveillances. Protège-moi de leurs mauvaises actions. Relève-moi et aide-moi à sortir triomphalement du mauvais dessein qu'ils cherchent à m'infliger. Car c'est toi le Dieu Tout-Puissant qui sauve, protège et comble les personnes qui s'en remettent à toi avec la bonne intention. Amen.

En me faisant triompher de leurs mauvais coups, et en me comblant tout en me maintenant sous ta Haute Protection, mes proches de cœur y compris, ô SEIGNEUR Dieu Tout-Puissant, tu leur fais goûter la saveur de ton agacement face à leurs malveillances contre les personnes cherchant à rester proches de toi. Merci SEIGNEUR. Davantage respect, amour, fidélité, louange et gloire à toi ô Notre Dieu Bienveillant ! Amen.

C'est vrai ! Tu le sais ! En les faisant expérimenter l'amertume qu'ils nous infligent, tu les mets en position de se rendre compte que s'en prendre injustement aux personnes faisant de leur mieux pour se rapprocher de toi, mieux encore pour te servir, c'est comme s'en prendre à toi et c'est une très grave faute pesant sur eux-mêmes. Amen.

Raison pour laquelle, en dédommagement de leurs mauvais coups, je souhaite que par ta grâce et pour ta Gloire, quand tu le voudras, de leurs yeux et/ou de leurs oreilles seulement, ils constatent notre paix, prospérité et sainteté sans pouvoir les stopper. Ainsi soit-il.

« Merci SEIGNEUR dès maintenant et pour toujours ! » (Ps. 113.2)

† Pour le principal, de tout mon cœur, de tout mon esprit, de toute mon âme, je souhaite vivement que Respect, Amour, Fidélité, Louange et Gloire soient davantage fervemment rendus ici, maintenant, toujours et partout au Père, au Fils, et au Saint-Esprit, avec fervente Reconnaissance aux

archanges et aux anges, aux saints et aux saintes, fidèles du Père, du Fils, et du Saint-Esprit. C'est très bien ainsi pour l'équilibre universel.

Amen. Amen. Amen.

† Marquer une pause. Puis poursuivre par les Prières de fond pour nos nécessités permanentes, à partir de la page 80

4ème au 6ème jour de votre 2ème semaine : Prier pour votre protection et aussi pour protéger ce qui vous appartient

Lamentation à Dieu Tout-Puissant
pour défendre vos droits et biens injustement détournés

Pour cela, prendre la bonne attitude de L'implorer sincèrement et,
avec réel souhait d'agir au mieux pour rendre grâce, Lui présenter votre lamentation.

Ô Dieu Mon Seigneur ! Mon Seigneur ! Je t'en supplie !
Sois avec moi, car je suis avec toi, et je le fais de mon mieux. Amen.

Tous les jours davantage loué ! Loué et respecté sois-tu de génération en génération à travers tous les âges, ô Éternel Notre Saint Père-Créateur ! Davantage, bénies soient ta Parole, ton Pouvoir, ta Force, ta Justice ! Davantage, bénis soient tes Royaumes, tes Œuvres, tes Projets ! Respecté sois-tu toujours et davantage ô Éternel Dieu des solutions miraculeuses ! Amen !

Oui ! Louange et gloire à toi Éternel pour tes œuvres ! Louange et gloire à toi Dieu Notre Père-Créateur pour tes bienfaits ! Louange ! Louange et gloire à toi ô Dieu Saint Père d'innombrables mondes sur lesquels tu veilles avec équité. A toi davantage respect, amour, fidélité, louange et gloire de génération en génération à travers tous les âges. Amen !

Je le reconnais ! Si tu ne laisses point faire ô Seigneur Dieu Tout-Puissant, Mon Dieu, Mon Père-Créateur en qui je me confie, et en qui je prends appui, qui peut s'en prendre à moi, à ma famille, à mes proches de cœur ou à mes acquis sans avoir à le regretter !

Ô toi le SEIGNEUR Souverain des univers ! Mon Dieu ! Mon Père qui m'a créée et qui veille sus moi, même lorsque j'imagine le contraire ! Qui peut me léser si tu ne laisses pas faire !

Voilà pourquoi je t'implore humblement de ne pas les laisser me persécuter autant. Je te supplie de ne pas les laisser détruire ni détourner mon travail, ni les fruits de mon travail, ni la part que mes parents, grands-parents et ancêtres m'ont laissée. Surtout je te supplie de ne pas leur laisser le pouvoir de briser mon espoir en toi. Amen.

C'est toi le Tout-Puissant ! C'est toi la Merveille, qui m'as donné la vie et qui me fais vivre parce que tu le veux bien. Merci SEIGNEUR !

Je t'implore encore de ne pas laisser mes ennemis m'entourer sans nous donner l'issue et le pouvoir de nous échapper. S'il te plaît ! Ne les laisse pas s'en prendre à moi ni à ma famille, ni à aucun de mes proches de cœur sans me donner moyens et pouvoir de neutraliser leurs mauvais coups. S'il te plaît ! Ne les laisse pas s'en prendre à mes activités, ni à mes réalisations, ni à mes projets, sans transformer leurs méfaits en opportunités de mieux nous comporter, nous accomplir mieux. Amen.

Car c'est toi le Tout-Puissant, le SEIGNEUR Souverain des univers, Mon Dieu Bien-Aimé en qui je m'en remets. C'est par toi et pour toi que je vie. Même si je peine parfois à me conformer à ta Loi, j'œuvre pour y arriver, et ton aide m'est indispensable tu le sais ! Amen.

Ils se croient puissants parce qu'ils montent d'autres personnes contre moi. Ils se rassemblent pour comploter contre moi et contre les miens. Ils vont jusqu'à dresser certains de mes proches contre moi. Et ils s'en réjouissent. Ils tirent leur force sur la masse de leurs méfaits et leur pouvoir sur les forces et attitudes que tu désapprouves. Plus ils font du mal, plus ils se croient tout permis.

Mais je sais que toi, Notre Père, Dieu de Miséricorde, tu leur laisses le temps de se rattraper, de constater eux-mêmes que ce qu'ils font est mauvais pour eux plus que pour moi. Mais tant qu'ils nous voient souffrir, tant qu'ils nous privent de nos droits, ils sont heureux ainsi.

Puisqu'ils tirent leur bonheur sur le malheur qu'ils infligent aux autres, sur les privations injustes qu'ils imposent à autrui,

Humblement, je te supplie de ne pas les laisser profiter autant de ta Miséricorde pour nous affliger, nous qui croyons en toi, et faisons de notre mieux pour éviter ce que tu désapprouves, même lorsque nous n'y arrivons pas systématiquement. Amen.

C'est pourquoi, humblement je souhaite ô Saint Père Éternel ! SEIGNEUR Souverain des univers ! Dieu Bienveillant, que ta Miséricorde pour eux, ne soit pas une source de malheur pour nous qui vivons par toi et pour toi du mieux que nous le pouvons. Amen.

Raison pour laquelle, en dédommagement de leurs mauvais coups, je souhaite que par ta grâce et pour ta Gloire, le moment venu, de leurs yeux et/ou de leurs oreilles seulement ils constatent notre paix, prospérité et sainteté sans pouvoir les stopper. Ainsi soit-il.

« Merci SEIGNEUR dès maintenant et pour toujours ! » (Ps. 113.2) Amen. Amen. Amen.

† Marquer une pause. Puis poursuivre par les Prières de fond pour nos nécessités permanentes, à partir de la page 80

3ème SEMAINE

Si vous voulez renforcer et maintenir votre protection, priez très tôt le matin, si vous avez le temps. En cours de journée, si vous ne pouvez faire autrement.

Priez le soir. Ne privilégiez pas la distraction, mais votre protection, votre santé, votre sécurité, votre réussite. Alors, l'air de rien, vous aurez l'aide dont vous avez besoin pour vous en sortir triomphalement, parce que vous-même aurez démontré votre détermination, votre intérêt.

Si vous réussissez à vous détourner de ce que désapprouve Dieu Notre Père et à faire ce qui Lui plait, Il vous trouvera juste, pure. Et tout le monde sait que Dieu Notre Père aime les justes, les pures. Il les préserve de beaucoup de choses mauvaises, et les comble de choses bonnes.

Commencer par la Prière d'introduction, page 14
Puis poursuivre par les Prières du jour.

1er au 3ème jour de votre 3ème semaine : Prier pour une cause juste favorise le déblocage de votre situation

Manifeste pour stopper les mauvais coups et faire regretter son auteur et ses complices

Pour cela, affirmez votre droit de les stopper, et par la grâce de Dieu Tout-Puissant, imposez les limites à leurs auteurs.

« Au nom du Père, du Fils, et du Saint-Esprit, »
ici s'arrête l'orgueil des flots de vos méfaits. Ainsi soit-il. Amen.

« *Du milieu de la tempête, le SEIGNEUR répondit à Job en lui disant : (...) Qui donc a retenu la mer avec des portes, quand elle jaillit du sein primordial ; quand je lui mis pour vêtement la nuée, en guise de langes le nuage sombre ; quand je lui imposai ma limite, et que je disposai verrou et portes ? Et je dis : "Tu viendras jusqu'ici ! tu n'iras pas plus loin, ici s'arrêtera l'orgueil de tes flots !"* » Amen.

(C'est dans Job 38.1 et 38.8 à 38.11 : Bible, traduction AELF)

M'appuyant sur cette Sainte Rassurante Parole, faisant de mon mieux pour éviter de décevoir Dieu Notre Saint Père-Créateur, cherchant à rester sur le Saint chemin que nous a montré et ouvert le Seigneur Jésus Christ, j'ai le devoir de ne laisser rien ni personne détourner méchamment mes énergies ni mon attention. Amen.

Raison pour laquelle, au nom de Jésus Christ, par la grâce de Dieu Tout-Puissant SEIGNEUR Souverain des univers,

Dieu Notre Père-Créateur, je déclare qu'ici s'arrête l'orgueil des flots de vos méfaits. Amen.

Ils s'arrêtent ici parce qu'au nom de Jésus Christ, par le Saint-Esprit, je tire ma force et mon pouvoir en Dieu Tout-Puissant SEIGNEUR Souverain des univers, Dieu Notre Saint Père-Créateur. Tandis que vous, vous tirez votre force et votre pouvoir de vos méfaits pour nuire, détruire, et vous enorgueillir dangereusement.

Alors oui ! Ici s'arrête l'orgueil des flots de votre injustice, parce qu'il est temps pour vous de comprendre que faire du mal, l'attire sur vous-mêmes et sur vos complices volontaires. Amen.

Alors, comme vous avez osé délibérément et injustement vous en prendre à moi directement et/ou indirectement, des adversaires puissants s'en prendront à vous et triompheront de vous. Amen.

Toutefois, le SEIGNEUR Souverain des univers, Dieu Notre Saint Père-Créateur étant Miséricordieux, et ayant été créé pour Lui ressembler, par sa grâce, vous avez une alternative juste : vos mauvaises décisions, annulez-les, vous mauvais actes, renoncez-y. Sinon le moment venu, vous en paierez le prix dissuasif. Amen.

Amen ! Il s'agit là des conditions non négociables, car justes et essentielles au rayonnement du Bien. Amen.

D'ores et déjà, pour tous vos mauvais et injustes coups, par la Loi de l'équilibre universel, de vos yeux et/ou de vos oreilles seulement vous constaterez notre paix, prospérité et sainteté sans pouvoir les stopper. Amen. Amen. C'est une condition non négociable, car juste et essentielle à la manifestation du Bien. Amen.

Mon cœur, glorifie le SEIGNEUR Souverain des univers, Dieu Notre Saint Père-Bienveillant, et réjouis-toi de ses merveilles. Amen.

Et toi, Mon âme, loue Yahvé le SEIGNEUR, Dieu Notre Saint Père Souverain des univers, et n'oublie aucun de ses bienfaits ! (Tiré du Ps. 103.2) Amen. Et toi, mon esprit, glorifie le Saint-Esprit, rappelle-toi toujours le Seigneur Jésus Christ, ses Étonnants Signes, son Précieux Enseignement, et son Infini Amour pour nous. Médites-y et tient compte de tout cela. Amen. Amen. Amen.

† Marquer une pause. Puis poursuivre.

Lamentation à Dieu Tout-Puissant pour se défendre et transformer les mauvais coups en opportunités réjouissantes

Pour cela, prendre la bonne attitude de L'implorer sincèrement et, avec réel souhait d'agir au mieux pour rendre grâce, Lui présenter votre lamentation.

Ô Dieu Mon SEIGNEUR ! Mon SEIGNEUR ! Humblement, je t'en supplie ! Sois avec moi, car je suis avec toi, et je le fais de mon mieux. Amen.

Tous les jours davantage loué ! Loué et respecté sois-tu de génération en génération à travers tous les âges, ô toi Notre Saint Père-Bienveillant ! Davantage : bénie soit ta Parole ! Béni soit ton Pouvoir ! Bénie soit ta Force ! Bénie soit ta Justice ! Bénis soient tes Royaumes ! Bénis soient tes Œuvres ! Bénis soient tes Projets ! Respecté sois-tu toujours et davantage ô Éternel Dieu des solutions miraculeuses !

Oui ! Louange et gloire à toi Éternel pour tes œuvres ! Louange et gloire à toi Dieu Notre Père-Créateur, pour tes bienfaits ! Louange et gloire à toi ô Dieu Saint Père d'innombrables mondes sur lesquels tu veilles avec équité. A toi davantage respect, amour, fidélité, louange et gloire de génération en génération à travers tous les âges. Amen.

Je sais que mes ennemis sont aussi tes enfants ! Je sais que tu les aimes aussi, et tu aimerais les aimer davantage. Mais tu le vois, les laisser agir ainsi sans les corriger, ne peut qu'alimenter leur malveillant orgueil. Orgueil qui les éloigne davantage de toi et pousse d'autres à les imiter.

J'ai constaté que certaines personnes utilisent leurs pouvoirs en tenant compte de ton avis. Bénies soient-elles et leurs œuvres aussi. Tandis que d'autres vont obstinément à l'encontre de tes Lois pourtant indispensables à l'équilibre de ce monde, que tu créas patiemment avec amour.

C'est pourquoi, humblement, je t'implore de regarder mon cœur accaparé et mon attention détournée à cause de ces mauvais coups répétés. Et je te supplie de bien vouloir me dire ô Saint Père-Bienveillant ! Dieu des dénouements réjouissants ! Jusqu'à quand leur permettras-tu de nous tourmenter, de nous attrister ô toi le Père du Bonheur !

Je vois que tu me combles ! Mais leurs malveillances et coups tordus m'empêchent de savourer le bonheur que tu m'accordes.

Ils se réjouissent et se rassurent de nous voir déstabilisés. Mais moi, je viens encore et encore chercher du réconfort auprès de toi, comme cet enfant que son frère malmène sans que leur père daigne stopper ce jeu machiavélique. Jeu qui ne fait qu'enorgueillir le mauvais fils et ses complices. Tandis que le bon enfant, qui lui fait de son mieux pour honorer le nom du père, souffre injustement.

Ô SEIGNEUR Souverain des univers ! Mon Dieu Bien-Aimé ! Pourquoi leur laisser un tel pouvoir sur moi qui cherche la meilleure façon de m'approcher davantage de toi et de rester proche de toi ?

Ils ont une énorme dette envers nous ! Il est juste que cette dette leur prive du pouvoir d'être nuisibles envers nous.

Voilà pourquoi pour tout le mal qu'ils nous ont généré, je souhaite que par ta grâce et pour ta Gloire, le moment venu, de leurs yeux et/ou de leurs oreilles, ils constatent notre paix, prospérité et sainteté sans pouvoir les stopper. Amen.

Tous les jours davantage respect, amour, fidélité, louange et gloire à toi ô Dieu des dénouements réjouissants ! Quand tu tiens compte de ma prière, tu me fais un immense privilège. Tu me relèves. Tu me combles généreusement. Amen.

« *Merci SEIGNEUR dès maintenant et pour toujours !* » (Ps. 113.2)

Mon âme, loue Yahvé le SEIGNEUR, Dieu Notre Saint Père Souverain des univers, et n'oublie aucun de ses bienfaits ! (Tiré du Ps. 103.2) Amen. Et toi, mon esprit, glorifie le Saint-Esprit, rappelle-toi toujours le Seigneur Jésus Christ, ses Étonnants Signes, son Précieux Enseignement, et son Infini Amour pour nous. Médites-y et tient compte de tout cela. Amen. Amen. Amen.

† Marquer une pause. Puis poursuivre par les Prières de fond pour nos nécessités permanentes, à partir de la page 80

4ème au 6ème jour de votre 3ème semaine : Implorer davantage Dieu de vous protéger et vous aider à tenir bon, pour neutraliser vos ennemis

Imploration à Dieu Tout-Puissant en temps de menace

Lorsque vous ressentez une menace, lorsque vous avez la sensation que vous êtes en danger, l'un ou l'une de vous, n'hésitez pas de faire des prières d'adoration, pour maintenir votre bouclier active et résistante.

Je suis à toi et avec toi ô Éternel ! SEIGNEUR Souverain des univers ! Dieu Mon Père-Créateur, je suis à toi et avec toi ! Amen.

Je sais que d'âge en âge, de génération en génération, tu continues de nous aider, et de nous manifester ta fidélité. Comme tu es Bon ! Comme tu es Merveilleux ! Tu es Merveilleux ! Amen. A toi davantage respect, amour, fidélité, louange et gloire de génération en génération. Amen.

Ah ! Comme il serait formidable que maîtrisant nos pulsions, nous te devenions enfin fidèles !

Humblement, je t'en supplie en t'implorant ! Sois avec moi ô Dieu Mon Père-Créateur-Bienveillant ! S'il te plaît ! Protège-moi, inspire-moi, sois avec moi car je souhaite devenir et demeurer quelqu'un dont tu es fier. Et ton aide m'est indispensable pour y arriver sans faillir. Amen.

Tous les jours davantage loué ! Loué et respecté sois-tu ô Dieu Notre Protecteur Bien-Aimé. Merveilleux ! Tu es Merveilleux ! Amen.

Alors oui ! Tous les jours davantage respect, amour, fidélité, louange et gloire à toi, à l'Esprit Saint, et à ton Vaillant Bien-Aimé Saint Fils, le Seigneur Jésus Christ Notre Sauveur-Rédempteur ! Amen.

Puissance, Triomphe, Fervente Reconnaissance et Respect aux Membres des Forces Bienveillantes qui sont à votre Service. Amen.

Grande Paix dans ton Empire, notamment à quiconque t'aime, te craint, t'adore et te respecte en vérité. C'est très bien ainsi pour l'équilibre universel. Alléluia !

Amen. Amen. Amen.

† Marquer une pause. Puis poursuivre.

Psaume 114(115), pour Manifester la Reconnaissance envers Dieu Notre Père et ses Merveilleuses Forces Bienveillantes

« 01 *J'aime Dieu le SEIGNEUR : Il entend le cri de ma prière ;*

02 *Il incline vers moi son oreille : toute ma vie, je l'invoquerai.*

03 *J'étais pris dans les filets de la mort, retenu dans les liens de l'abîme, j'éprouvais la tristesse et l'angoisse ;* 04 *j'ai invoqué le nom de Dieu le SEIGNEUR : « SEIGNEUR je t'en prie, délivre-moi ! »*

05 *Dieu le SEIGNEUR est justice et pitié, notre Dieu est tendresse.* » Amen

06 *Dieu le SEIGNEUR défend les petits : j'étais faible, il m'a sauvé.* » Amen

07 *Retrouve ton repos, mon âme, car Dieu le SEIGNEUR t'a fait du bien.* » Amen.

« 08 *Il a sauvé mon âme de la mort, gardé mes yeux des larmes et mes pieds du faux pas.* » A Lui davantage respect, amour, fidélité, louange et gloire de génération en génération à travers tous les âges. Amen.

« 09 *Je marcherai en présence de Dieu le SEIGNEUR sur la terre des vivants.* » Amen. Toutefois, je reconnais que son aide m'est indispensable pour réussir sans faillir. Amen.

(Ps. 114, traduction AELF)

Ainsi, tu continues de nous aider, tu continues de nous manifester ta fidélité. Comme tu es Bon ! Comme tu es

Merveilleux ! Amen.

Ah ! Comme il serait formidable que, maîtrisant nos pulsions, nous Lui devenions enfin fidèles ! Amen. Pour cela, son aide nous est vraiment indispensable. Amen.

Merci SEIGNEUR ! Tous les jours davantage loué ! Loué et respecté sois-tu ô Dieu Notre Protecteur Bien-Aimé. Tu es Merveilleux ! Amen.

Alors oui ! Tous les jours davantage respect, amour, fidélité, louange et gloire à toi, à l'Esprit Saint, et à ton Vaillant Bien-Aimé Saint Fils, le Seigneur Jésus Christ Notre Sauveur-Rédempteur ! Amen.

Puissance, Triomphe, Fervente Reconnaissance et Respect aux Membres des Forces Bienveillantes qui sont à votre Service. Amen.

Grande Paix dans ton Empire, notamment à quiconque t'aime, te craint, t'adore et te respecte en vérité. C'est très bien ainsi pour l'équilibre universel. Alléluia !
Amen. Amen. Amen.

† Marquer une pause. Puis poursuivre par les Prières de fond pour nos nécessités permanentes, à partir de la page 80

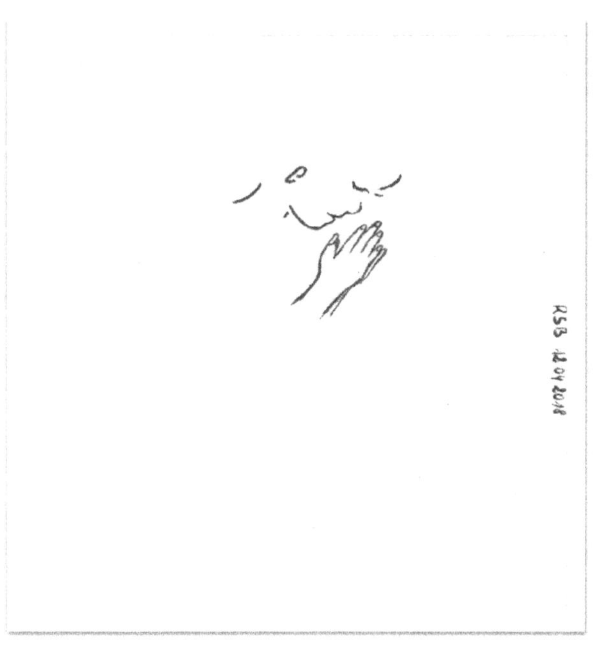

Loué ! Loué et respecté soit davantage Yahvé le SEIGNEUR Dieu Notre Père Bienveillant ! A lui davantage respect, amour, fidélité, louange et gloire. Amen.

Béni ! Béni et respecté soit davantage le Seigneur Jésus Christ Notre Sauveur-Rédempteur ! A lui davantage respect, attirance, amour, loyauté, ferveur et gloire. Amen.

Vénéré ! Vénéré et respecté soit davantage le Saint-Esprit de nos Merveilleux dons ! A lui davantage respect, amour, reconnaissance, vénération et gloire. Amen.

4ème SEMAINE

Dieu Notre Père n'intervient pas au doigt et à l'œil. Autrement, Il ne serait pas Dieu. Toutefois, Il est attentif et réceptif à la persévérance orientée dans le bon sens.

Alors, même si vous voyez vos ennemis se réjouir pendant que vous êtes malheureux ou malheureuse à cause de leurs méfaits, il est nécessaire de continuer à consacrer du temps à implorer Dieu Notre Père de vous pardonner, vous aider, de ne pas vous abandonner.

En fait, votre persévérance est indispensable pour attirer l'attention de Dieu Notre Père sur vous et pour baigner dans son Énergie, source de protection active et des bienfaits dont vous avez besoin.

La solution est déjà là. En persévérant tant par la prière que par votre savoir être à l'égard de Dieu Notre Père, vous allez la mettre en pratique, l'air de rien.

Alors, tenez bon ! Et vos ennemis n'auront pas de gloire sur vous. Votre pouvoir pour les neutraliser, c'est la prière accompagnée de votre savoir être à l'égard de Dieu Notre Père. C'est le savoir être à l'égard de Dieu Notre Père qui décuple votre courage, renforce votre assurance, et déclenche une meilleure suite, à votre avantage.

Alors, TENEZ BON !

Commencer par la Prière d'introduction, page 14
Puis poursuivre par les Prières du jour.

1er et 2ème jours de votre 4ème semaine : Supplier encore Dieu de vous protéger et de vous accorder un bon retournement de votre situation

Lamentation à Dieu Tout-Puissant quand on est victime de mauvais coups

Pour cela, prendre la bonne attitude de L'implorer sincèrement et, avec respect, adoration et réel souhait d'agir au mieux pour rester proche de Dieu, Lui présenter votre lamentation.

Parce que le Seigneur est Mon Dieu, Bienveillant Miséricordieux, Je souhaite qu'Il me sauve et me protège de leurs mauvais coups. Amen.

Ô Éternel ! Dieu Tout-Puissant ! Dieu Saint ! Dieu Fort ! Dieu Immortel ! SEIGNEUR Souverain des univers ! Notre Père-Créateur ! Tu es Mon Dieu Bien-Aimé ! A toi davantage respect, amour, fidélité, louange et gloire de génération en génération. Amen.

Dieu d'Abraham ! Dieu d'Isaac ! Dieu d'Israël ! Dieu que Moïse et Aaron ont servi dans le désert ! Tu es Mon Dieu Bien-Aimé ! A toi davantage respect, amour, fidélité, louange et gloire de génération en génération. Amen.

Dieu qui a parlé par les prophètes ! Dieu que nous a révélé le Seigneur Jésus Christ comme nulle personne auparavant ! Éternel ! Mon Dieu Bien-Aimé ! Mon Père-Créateur Adoré ! A toi davantage respect, amour, fidélité, louange et gloire de génération en génération ! Amen !

Humblement, me voici ! Je me tourne vers toi car tu es

Bon, Juste et plus encore. Tu es Mon Père sans lequel je n'existerais pas. Tu es Notre Père, sans toi, nous n'existerions pas. Amen.

Alors, je viens humblement me plaindre auprès de toi ô Dieu Bon, Juste, parce que Notre Dieu c'est toi ! Notre Père c'est aussi toi ô SEIGNEUR Souverain des univers ! Amen.

Humblement, je t'implore de me pardonner pour mes péchés. Humblement je te supplie de regarder les mauvais coups qui m'ont été portés et qui me menacent et influencent négativement mon destin. Serait-ce à eux le pouvoir de décider de mon sort ? Quel intérêt pour toi, ô Mon Père et Mon Dieu Bien-Aimé, de les regarder ou les savoir se réjouir des tourments qu'ils me génèrent ?

Si c'est pour m'apprendre une leçon, aide-moi à apprendre vite cette leçon et neutralise leurs mauvais coups assez tôt, je t'en supplie !

Si c'est pour attirer mon attention, aide-moi à comprendre ce que j'ai à comprendre et neutralise leurs mauvais coups, je t'en supplie !

Dans tous les cas, je te supplie humblement de ne pas les laisser ni fausser ni dérober ma vie, ni mes activités, ni mes projets. Parce que c'est toi Mon Père et Mon Dieu Bien-Aimé ! A toi je dois les comptes, mais pas à eux. Amen.

Je sais qu'ils sont aussi tes enfants et que tu les aimes aussi, c'est très bien ainsi. Mais je t'en supplie ! Puisque toi seul peux les stopper, ne les laisse pas continuer d'agir ainsi sans une dissuasive correction. Amen.

Déjà, mon cœur me dit de ta part : « *Ne crains pas. Agis et reste connecté. Patience, persévérance, et tu verras.* » Ainsi soit-il ! Merci SEIGNEUR ! Tous les jours davantage respect, louange et gloire à toi. Amen.

Alors, par ta Grâce ô SEIGNEUR Souverain des univers, Mon Père-Créateur et Mon Dieu Bien-Aimé, ma foi et ma confiance ainsi renforcées, je déclare que quiconque cherche délibérément à me faire du mal directement et/ou indirectement, tout cela va se transformer en réjouissantes opportunités concrétisées avec succès directement ou indirectement par moi. Amen.

Pour le reste, puisqu'ils affectionnent faire le mal injustement et s'enorgueillissent, je souhaite qu'ils aient à ressentir les privations des droits qu'ils nous ont imposées, de sorte que le mal qu'ils nous ont fait, retourne sur eux-mêmes et sur leurs complices volontaires. Ils sauront ainsi à quel point leurs mauvais coups sont également et surtout nuisibles pour eux-mêmes. Amen. Amen, c'est une condition non négociable car juste et essentielle au rayonnement du Bien. Amen.

D'ores et déjà, pour tout le mal qu'ils nous ont généré, je souhaite que le moment venu, par ta Grâce et pour ta Gloire, de leurs yeux et/ou de leurs oreilles seulement, ils constatent notre paix, prospérité et sainteté sans pouvoir les stopper. Amen.

« *Merci SEIGNEUR dès maintenant et pour toujours !* » (Ps. 113.2)

Amen. Amen. Amen.

† Marquer une pause. Puis poursuivre par les Prières de fond pour nos nécessités permanentes, à partir de la page 80

3ème et 4ème jours de votre 4ème semaine : Supplier Dieu de vous protéger et de vous accorder un bon retournement de votre situation

Manifeste pour Vénération et Appel à l'Aide à Dieu Notre Père

« Le jour où tu répondis à mon appel, tu fis grandir en mon âme la force. » (Ps. 137.2) Et tu as renforcé ma foi en toi. Davantage respect, louange et gloire à toi. Amen.

Ô SEIGNEUR Souverain des univers ! Mon Dieu Bien-Aimé ! Mon Père-Créateur Adoré ! Je le constate ! Tu es tout pour moi ! Je ne suis rien sans toi !

De même, j'ai la grâce de reconnaître que tu agis pour moi avec délicatesse, mieux qu'un bon père humain prend soin de son tout petit enfant. Merci SEIGNEUR ! Mon Dieu, Mon Père-Créateur, tu es Merveilleux ! Loué sois-tu davantage ! A toi davantage respect, amour, louange et gloire ! Amen !

Humblement, je te supplie de ne point arrêter l'œuvre de tes saintes mains sur nous, en nous et autour de nous,

Car nous sommes à toi SEIGNEUR Dieu des univers ! Nous sommes à toi et souhaitons demeurer avec toi. Amen.

Je t'en supplie ! Sois avec nous, même si nous avons du mal à rester sages, nous sommes à toi et cherchons à être et demeurer sages. Et ton aide nous est indispensable pour y parvenir et tenir bon. Amen.

Humblement, je t'en supplie encore ! Aide-nous davantage à savoir mieux être avec toi et pour toi. Merci SEIGNEUR. Amen.

Mon âme, loue Yahvé le SEIGNEUR, Dieu Notre Saint Père Souverain des univers, et n'oublie aucun de ses bienfaits ! (Tiré du Ps. 103.2) Amen. Et toi, mon esprit, glorifie le Saint-Esprit, rappelle-toi toujours le Seigneur Jésus Christ, ses Étonnants Signes, son Précieux Enseignement, et son Infini Amour pour nous. Médites-y et tient compte de tout cela. Amen. Amen. Amen.

† Marquer une pause. Puis poursuivre par les Prières de fond pour nos nécessités permanentes, à partir de la page 80

5ème et 6ème jours de votre 4ème semaine : Implorer davantage Dieu de vous protéger et de vous aider à tenir bon pour neutraliser vos ennemis

Lamentation d'appel de détresse à Dieu Tout-Puissant quand on est injustement attaqué, malmené.

Pour cela, prendre la bonne attitude de L'implorer fervemment et, avec respect, adoration et réel souhait d'agir au mieux pour rester proche de Dieu, Lui présenter votre lamentation

Je suis à toi et avec toi SEIGNEUR ! Mon Dieu Bien-Aimé !
Je t'en supplie ! S'il te plaît ! Sauve-moi et protège-moi. Merci SEIGNEUR.

Ô Éternel ! Dieu Saint Père-Bienveillant ! Dieu des Merveilles ! Loué et respecté sois-tu davantage ! Davantage : bénie soit ta Parole ! Béni soit ton Pouvoir ! Bénie soit ta Force ! Bénie soit ta Justice ! Bénis soient tes Royaumes ! Bénis soient tes Œuvres ! Bénis soient tes Projets ! Respecté sois-tu davantage ô Dieu des solutions miraculeuses ! Amen.

Louange et gloire à toi Éternel pour toutes tes œuvres ! Louange et gloire à toi Notre Père pour tous tes bienfaits ! Louange et gloire à toi ô Saint Père d'innombrables mondes sur lesquels tu veilles avec équité. Amen.

Humblement, je t'en supplie ! Daigne constater que c'est en toi que je tire ma force et mon pouvoir, et c'est bien ainsi, car c'est toi le Dieu Tout-Puissant, Notre Saint Père-Créateur. Amen.

Raison pour laquelle, humblement, je t'implore de ne pas

leur laisser le pouvoir de déshonorer ma confiance en toi. Car c'est en toi que j'ai placé ma confiance. Amen.

Oui ! En toi SEIGNEUR Dieu des univers, en l'Esprit-Saint, et en ton Bien-Aimé Saint Fils le Seigneur Jésus Christ, ainsi qu'en vos Merveilleuses Forces, j'ai mis ma confiance, et c'est bien ainsi. Amen.

C'est à toi qu'appartiennent la Puissance, le Pouvoir et la Gloire. Et c'est très bien ainsi, car tu en uses avec Sagesse ô Saint Père. Quant à mes malveillants adversaires et à mes ennemis, la puissance, le pouvoir et la gloire que tu leur laisses, ils en usent injustement et déshonorent ton Saint Nom.

Mais je sais que tu laisses ainsi pour qu'ils n'aient pas à dire que tu n'as pas pensé à eux. Je sais aussi que c'est pour un temps. Amen.

Toutefois, humblement, je t'implore de me sauver et me protéger du malveillant plan qu'ils ont osé me destiner. Amen.

Pour tout le mal qu'ils nous ont fait, je souhaite que le moment venu, par ta Grâce et pour ta Gloire, de leurs yeux et/ou de leurs oreilles, ils constatent notre paix, prospérité et sainteté sans pouvoir les stopper. Amen.

Tous les jours, de génération en génération à travers tous les âges ! Davantage respect, amour, fidélité, louange et gloire à toi ô Notre Saint Père ! Le Dieu des dénouements réjouissants ! Amen.

Amen. Dieu Notre Saint Père-Créateur Bienveillant m'accorde l'immense privilège de tenir compte de ma prière. Il me relève. Il me comble généreusement quand Il le veut bien. Amen.

« *Mon âme, bénis l'Éternel, et n'oublie aucun de ses bienfaits !* » (Ps. 103.2)

Amen. Amen. Amen.

† Marquer une pause. Puis poursuivre.

Lamentation en temps de menace, tirée du Ps. 108(109)

à Dieu Notre Père, pour être sauvé

Humblement, je te prie et te supplie encore ô Dieu de ma louange de sortir de ton silence, s'il te plaît !

Mes malveillants adversaires et mes ennemis exagèrent. Ils me calomnient, me tendent des pièges, complotent contre moi. Ils m'attaquent injustement et poussent à me défendre.

A mon indulgence, ils répondent par la malveillance, les mauvais coups. Ils disent du mal de moi qui recherche la paix et m'en remets à ta Justice. Ils me croient naïf et stupide. Mais moi j'ai confiance en toi.

Ô Mon Dieu Bien-Aimé ! Le Dieu des solutions miraculeuses ! Je te prie et te supplie encore ! S'il te plaît !

« Aide-moi, SEIGNEUR : sauve-moi par ton amour ! Ils connaîtront que là est ta main, que toi, SEIGNEUR, tu agis » ici même. (Ps. 108.26 à 108.27)

Tu es Merveilleux ô SEIGNEUR Dieu des univers ! Amen !

Ils affligent, toi tu réconfortes. Ils blessent, toi tu soignes. Ils maudissent, toi tu bénis. Ils égarent toi tu ramènes sur le droit chemin.

Vraiment, j'ai la chance de me confier à toi. J'ai la chance de croire et d'espérer en toi. Désormais, je souhaite avoir la chance d'éviter tout ce qui te déplaît et ton aide m'est indispensable. Amen.

Je sais que si tu le veux, de leurs mauvais coups et de l'orgueil qui les animent, dorénavant ils n'en tirent aucune satisfaction. Qu'ainsi, ils réalisent que c'est toi, ô Éternel, Dieu Tout-Puissant SEIGNEUR des univers, qui sauve et aide les personnes qui s'en remettent à toi, pour chercher refuse, se détourner du mal, éviter ce que tu désapprouves. Amen.

A voix audible, je rendrai grâce au SEIGNEUR, je le louerai parmi la multitude, je témoignerai de ses bienfaits. Amen.

Car j'ai trouvé grâce à ses yeux. Il me sauve et me comble de ce dont j'ai besoin, m'aidant ainsi à être et demeurer proche de Lui à travers des actes et attitudes qui respectent le Saint-Esprit, glorifient son saint nom, et celui de son Bien-Aimé Saint Fils, Jésus Christ. Amen.

Amen. Tous les jours, davantage respect, louange et gloire à la Sainte Trinité ! Honneur et reconnaissance aux Membres des Forces du Bien. Bénis soient les serviteurs et servantes de Dieu Notre Père Bien-Aimé, et de Jésus Christ Notre Sauveur-Rédempteur Bien-Aimé. Amen.

Grande Paix dans l'Empire de Dieu Notre Père, notamment à quiconque, en vérité, aime, craint adore et respecte Dieu Notre Père. Amen. Amen. Amen.

† Marquer une pause. Puis poursuivre par les Prières de fond pour nos nécessités permanentes, à partir de la page 80

5ème SEMAINE

Renforcez davantage votre protection.

Pour cela, avec respect, insistance et persévérance, sollicitez l'intervention de Saint Michel Archange, l'aide de Saint-Expédit, ainsi que des saints et des saintes disposés à vous écouter, sans négliger l'assistance de nos Saints Anges-Gardiens, dont votre Ange-Gardien.

Commencer par la Prière d'introduction, **page 14**
Puis poursuivre par les Prières du jour.

1er au 3ème jour de votre 5ème semaine :

Augmenter le pouvoir de votre prière

Supplication à l'Archange Saint Michel pour lui demander de vous aider

Pour cela, prendre la bonne attitude de vous adresser à lui avec humilité, franchise, animé du réel souhait d'agir mieux qu'autrefois, pour la gloire des Forces du Bien.

Je fais humblement appel à l'Infini Puissant Archange Saint Michel.
Je souhaite que ma prière le touche positivement,
afin qu'il lui plaise d'assurer notre protection. Amen.

« Le mal ne gagnera pas ! » A affirmé le Pape Léon XIV le jour même de son entrée en fonction, et j'y crois car les Forces du Bien veillent prudemment. C'est pourquoi j'implore leur protection et leur aide pour résister au mal et lui triompher, nous aussi. Amen.

Ô Merveilleux Tout-Puissant Archange Saint Michel !

Humblement, je vous salue ! Vous êtes béni ô Tout-Puissant Protecteur des protégés de Dieu Notre Saint Père Éternel ! Amen !

Pour l'épanouissement et la pérennité de la Sainte Vision de Dieu Notre Saint-Père-Bienveillant, indispensable à l'équilibre universel, au nom du Seigneur Jésus Christ :

Béni soyez-vous davantage ! Davantage : béni soit votre Pouvoir ! Béni soit votre Puissance ! Bénie soit votre Force ! Bénie soit votre Armée ! Bénies soient vos Interventions ! Vous êtes béni ! Béni soyez-vous davantage ! Amen.

Je souhaite vivement que respect, amour, admiration et célébrations vous soient davantage manifestés ici, maintenant toujours et partout, mieux qu'autrefois. Amen.

Humblement, je vous supplie de nous aider davantage dans nos luttes contre le mal, et ainsi continuer d'assurer l'équilibre harmonieux dans ce monde sur lequel vous avez toujours veillé avec succès, pour l'épanouissement et la pérennité de la Sainte Vision, indispensable à l'équilibre universel. Amen.

Oui, je reconnais que vos précieuses interventions dans ce monde nous procurent la lumière, la protection et la sécurité ! Amen.

Voilà pourquoi, humblement, je vous implore de nous aider davantage dans les combats qui nous sont livrés, et dans les combats que nous devons livrer pour sortir triomphalement de nos épreuves. Merci.

Humblement, je vous supplie encore de me protéger et protéger aussi ___ (citer la ou les personnes concernées). Merci.

Tous les jours, davantage respect, amour, fidélité, louange et gloire à la Sainte Trinité ! Davantage respect, reconnaissance et célébration à vous Saint Michel Archange et à votre Formidable Invincible Sainte Armée ! C'est très bien ainsi. Amen. Amen. Amen.

† Marquer une pause. Puis poursuivre par les Prières de fond pour nos nécessités permanentes, à partir de la page 80

4ème au 6ème jour de votre 5ème semaine :

Augmenter le pouvoir de votre prière

Prière à Saint Expédit, et aux Saints et Saintes pour leur demander de vous aider

Pour cela, avec respect et humilité,
leur demander de s'occuper du bon aboutissement de votre prière.

Saint Expédit agit avec empressement et efficacité !
Pour l'Honneur et la Gloire de la Sainte Trinité,
Fertiles soient davantage ses interventions. Amen.

« Le mal ne gagnera pas ! » A affirmé le Pape Léon XIV le jour même de son entrée en fonction, et j'y crois car les Forces du Bien veillent prudemment. C'est pourquoi j'implore leur protection et leur aide pour résister au mal et lui triompher, nous aussi. Amen.

En l'Honneur et pour la douce Gloire de la Sainte Trinité !

Ô attentionné Saint Expédit !

Humblement, je vous salue ! Vous êtes béni ô infatigable bon serviteur de la puissance de la foi en Dieu Notre Père et en Jésus Christ Notre Sauveur-Rédempteur ! Béni soyez-vous davantage ! Amen.

Bénis soient davantage les fruits de la foi qui vous a animé ! Fertiles soient davantage vos interventions passées, actuelles et futures. Car je le crois ! Vous continuez d'intercédez activement pour nous avec des résultats encourageants. Amen.

Oui ! Je reconnais que vous Saint Expédit, vous nous aidez très souvent sans tardez. Oui, vous tenez compte de notre fragilité et du poids de l'attente qui, souvent, nous déroutent lorsque nous sommes dans le besoin. Voilà pourquoi vous nous aidez sans tarder. Merci beaucoup. Davantage paix pour votre âme et pour votre esprit ! Fertiles soient davantage vos prières en notre faveur. Amen !

Au nom de Notre Seigneur Jésus Christ, pour l'épanouissement et la pérennité de la Sainte Vision de Dieu Notre Saint-Père-Bienveillant, et pour votre rayonnement,

Humblement, je vous prie d'intercéder pour moi, notamment pour___ (préciser vos souhaits) et que je puisse davantage témoigner du pouvoir de votre intervention encourageant la ferveur de la foi chrétienne. Amen.

Ô vous les saints et les saintes qui intercédez pour nous, Saints/Saintes _________ (citez les saints et les saintes qui vous viennent à l'esprit) Tous les Saints et toutes les Saintes, Humblement, je vous salue et vous dis merci de tout mon cœur.

Vous êtes bénis ! Fertiles soient davantage vos interventions au nom du Seigneur Jésus. Paix pour vos âmes, pour vos esprits. Grande Paix dans l'Empire de Dieu Notre Père, notamment à quiconque aime, craint, adore et respecte en vérité Dieu Notre Père, le Seigneur Jésus Christ, Notre Sauveur-Rédempteur, et le Saint-Esprit des Merveilleux

Dons. Amen.

Humblement, je vous supplie d'intercéder pour moi, notamment pour___ (préciser vos souhaits). Ainsi j'aurai l'honneur de témoigner du pouvoir des Saints et des Saintes qui, pour la Gloire de la Sainte Trinité, au nom du Seigneur Jésus Christ, continuent d'alimenter la puissance de la foi chrétienne, indispensable à l'équilibre de ce monde. Merci beaucoup. Amen. Amen. Amen.

† Marquer une pause. Puis poursuivre par les Prières de fond pour nos nécessités permanentes, à partir de la page 80

Au 7ème jour de vos semaines de Prières :

Baigner dans la grâce par la sincère reconnaissance et l'action de grâce est bon pour vous.

Notre temps de présence dans ce monde est une denrée infiniment précieuse, car très limitée. Pourtant c'est une richesse intime suffisamment dense permettant à chacune et à chacun d'en donner sans s'en priver.

Ainsi, en consacrant un moment à la prière de remerciement, vous opérez un sacrifice d'un peu de cette précieuse denrée. Il s'agit là d'un doux sacrifice, car consacrer un moment à la prière demande du temps, du courage, et de l'attention. Le temps, le courage et l'attention ainsi consacrés font de la prière un beau cadeau. Et Dieu le sait. Raison pour laquelle, s'agissant du remerciement qui Lui plaît, Il a dit :

« Offre-moi plutôt ta reconnaissance, à moi, ton Dieu. Et tiens les promesses que tu m'as faites à moi le Très-Haut. Quand tu es dans la détresse, fais appel à moi : Je te délivrerai, et tu m'honoreras. » (Extrait du Ps. 50.14 à 50.15)

De même, en accordant un peu de votre temps pour contribuer à l'animation de la paroisse qui accueille votre service, vous donnez un peu de votre richesse intime à l'entretien de votre lien avec Dieu Notre Père, et de Jésus Christ Notre Sauveur-Rédempteur, et vous en ressentez les bienfaits.

La preuve voyez ! Vous pourriez donner tout ce que vous

possédez aux personnes qui sont dans le besoin, l'impression de n'avoir pas fait assez ne diminuera pas. Raison pour laquelle, les aider est indispensable. Leur donner ce que vous pouvez, est une excellente chose. Mais pensez aussi à réaliser des actions concernant Dieu Notre Père et vous-même, et ainsi assurer un équilibre dans votre âme et conscience.

Dans tous les cas, n'hésitez pas de manifester votre reconnaissance à Dieu Notre Père et de tenir vos bonnes résolutions du mieux que vous pouvez. En effet, même pour Dieu Notre Père, même pour le Seigneur Jésus Christ Notre Sauveur-Rédempteur, c'est agréable de se tourner vers les personnes reconnaissantes et fiables.

Faite avec foi, la prière en page suivante vous aide à exprimer profondément votre reconnaissance à Dieu Notre Père et à ses Merveilleuses Forces Bienveillantes. Il ne vous restera plus qu'à proposer un peu de votre temps pour rendre service à une paroisse qui motive votre cœur, si ce n'est encore chose déjà faite.

Bonne séance !

Commencer par la Prière d'introduction, page 14
Puis poursuivre par la page suivante.

C'est une grâce de reconnaître ce que les Forces Célestes ont fait pour moi.

Supplique de reconnaissance
et de sincères remerciements à la Sainte Trinité,
et à la Bienheureuse Sainte Vierge Marie

Pour cela, avec un cœur reconnaissant, manifester votre satisfaction

Parce que le SEIGNEUR est mon Dieu, Bienveillant, Miséricordieux,
Il m'écoute, Il m'entend, Il m'exauce dans nos nécessités. Amen.

Loué ! Loué et respecté soit davantage le SEIGNEUR Dieu des univers ! Il tient compte de mes prières ! De génération en génération à travers tous les âges, qu'Il soit tous les jours fervemment adoré, car Il est Bon, le SEIGNEUR Notre Dieu Bienveillant ! Amen.

> **Ô Éternel ! SEIGNEUR des Seigneurs ! La Source des Merveilles** ! Tu es Béni de génération en génération à travers tous les âges, car ce que tu fais est parfait. Oui ! Tu es Béni ! Tu es Parfait ! Loué et respecté sois-tu davantage tous les jours ! C'est très bien ainsi. Alléluia.

Tu créas ce monde, puis sa biodiversité, ..., bien après nous aussi, et tu nous confias tout cela. Loué et respecté sois-tu ! Encore de nos jours, tu fais pour nous pleines de bonnes choses dont je ne suis pas en mesure de comprendre l'enjeu ni l'importance.

Raison pour laquelle, en te suppliant humblement de me pardonner pour tout ce qui te déçoit de ma part, de tout mon cœur, je dis à « *Mon âme, bénis l'Éternel et n'oublie aucun de ses bienfaits* ! » (Ps. 103.2) Davantage respect, amour, fidélité, louange et gloire à toi ô Mon Dieu ! Mon Père-Créateur ! Grande Paix dans ton Empire, notamment à quiconque t'aime, te craint, t'adore et te respecte en vérité ! Amen.

A cet instant précis, pour tout ce que tu viens encore de faire pour le monde, pour moi, pour les membres de ma famille, et pour mes proches de cœur, merci Éternel, Mon Dieu ! Davantage respect, amour, fidélité, louange et gloire à toi ô Dieu des Merveilles ! Amen !

Oui, merci pour : ___ (citer vos satisfactions).

En fait, Merci beaucoup pour ce que je vois merveilleusement accompli et, aussi, pour ce que je ne vois pas, alors que c'est merveilleusement accompli ou en cours d'accomplissement.

Ici, maintenant, toujours et partout, davantage loué ! Loué et respecté sois-tu, ô Saint Père-Bienveillant ! Dieu d'Abraham, Dieu d'Isaac, Dieu d'Israël, le SEIGNEUR Souverain des univers, Mon Dieu ! Encore et toujours fervemment adoré et respecté ! Y contribuer avec succès, est ma véritable gloire. Alléluia ! Amen. Amen.

Marquer une pause en baissant fortement la tête, les mains jointes, puis poursuivre.

Ô Jésus Christ ! Bien-Aimé Puissant Saint Fils de Dieu ! Sauveur-Rédempteur de l'humanité ! Mon Seigneur !

A toi respect, attirance, amour, loyauté, ferveur et gloire de génération en génération à travers tous les âges ! Car rien de toutes ces Merveilles n'a été fait sans toi, nous y compris ! Et rien de ce que nous sommes en droit d'espérer ne pourra être réalisé sans toi. Amen.

Je ne pourrai jamais te remercier assez pour tout ce que tu as fait pour moi, pour chaque membre de ma famille, pour mes proches de cœur, en fait pour chacun et chacune de nous dans ce monde.

Raison pour laquelle, en te priant humblement de me pardonner pour mes manquements, j'ai la grâce de te dire : « *Merci Seigneur, dès maintenant et pour toujours !* » (Ps. 113.2)

Ici, maintenant, toujours et partout, davantage respect, attirance, amour, loyauté, ferveur et gloire à toi ô Jésus Christ Sauveur-Rédempteur de l'humanité ! Béni et respecté sois-tu davantage ô toi qui fais la Volonté de Dieu Notre Père-Bienveillant. Amen. Fertile soit davantage ta Mission. Alléluia ! Amen.

A cet instant précis, j'ai la grâce de te dire merci pour la protection, les bons retournements de situations, tes multiples signes, en particulier : ___ (citer vos satisfactions) et aussi pour tes bienfaits dont je ne me rends pas compte, merci beaucoup Seigneur Jésus, car je le sais ! « *Le Père œuvre, le Fils aussi œuvre.* » et c'est très bien ainsi. Amen !

Encore et toujours fervemment vénéré et respecté ! Y contribuer avec succès, est ma glorieuse faveur. Alléluia ! Amen ! Amen !

Marquer une pause en baissant fortement la tête, les mains jointes, puis poursuivre.

Ô Saint-Esprit ! Merveilleux Canal des grâces du Père et du Fils, sans lequel rien de bon ne se ferait dans ce coin de l'univers !

Ici, maintenant, toujours et partout, davantage vénéré ! Vénéré et respecté sois-tu de génération en génération à travers tous les âges ! Amen.

Ô toi le Saint-Esprit insondable ! Je ne sais même pas par où commencer pour te manifester ma sincère reconnaissance sans ton aide. Alors, très humblement, je me contente de dire : pour tout ce que, par toi, nous recevons du Père et du Fils, mais aussi de leurs autres Merveilleuses Forces, merci de tout mon cœur. Et, pour tout ce que par ton initiative nous recevons, infiniment merci !

Oui ! Pour les dons reçus et pour ceux en cours de réception, pour tes innombrables bienfaits, merci beaucoup, car je le sais ! Tu continues d'œuvrer dans ce monde et c'est très bien ainsi. Alléluia ! Amen !

Ici, maintenant, toujours et partout, davantage respect, amour, reconnaissance, vénération et gloire à toi ô Saint-Esprit des Merveilleux dons ! Encore et toujours fervemment réclamé, acclamé et respecté ! Y contribuer avec succès, est un immense privilège pour moi. Alléluia ! Amen ! Amen !

Marquer une pause en baissant fortement la tête, les mains jointes, puis poursuivre.

Ô Sainte Vierge Marie ! Vous qui avez l'immense privilège d'être la Mère de Jésus Christ ! La Mère de Dieu-Sauve ! La Mère du Rédempteur ! La Mère de l'Église ! Notre Bien-Aimée Sainte Mère !

Ô vous par laquelle Jésus a pris chair en vous, puis materné et choyé par vous sous le saint patriarcat de Saint Joseph, a vécu parmi nous, avec le but – largement atteint - de nous enseigner et nous réconcilier avec Dieu le Père, nous sauvant ainsi de la damnation éternelle aux prix les plus forts ! Vous, la mère d'un tel Être, vous êtes un Sanctuaire vivant ! Bénie soyez-vous davantage. Amen.

De tout mon cœur, je veux vous dire merci avec la reconnaissance d'un enfant à sa bienveillante mère.

Ainsi, à cet instant précis, pour tout ce que vous avez fait pour moi, pour mes proches de cœur, pour ce monde, je vous dis : MERCI ! Oui, merci beaucoup pour : ____ (citer vos satisfactions) et aussi pour votre travail dont je ne me rends pas compte, merci beaucoup, car je le ressens ! Vous ne restez pas inactive, et c'est très bien ainsi. Amen.

Alors oui ! Pour la Joie du Père, du Fils, et du Saint-Esprit, bénie soyez-vous davantage ô Sainte Vierge Marie. Encore et toujours comblée de grâces ! Y prendre paisiblement part avec succès est une fertile bénédiction pour moi. Amen. Vous êtes bénie ! Que Dieu Notre Généreux Père vous bénisse et fertilise davantage vos œuvres. Alléluia. Amen.

Je ne puis tourner cette page la conscience tranquille sans avoir également exprimé ma reconnaissance envers Saint Joseph votre illustre époux, père de Notre Seigneur Jésus sur terre, et Saint Patron des familles, et envers nos anges-gardiens, les anges et archanges, les saints et les saintes qui nous aident souvent très discrètement. Amen.

Merci pour votre aide notamment au cours de cette période que nous venons de traverser, ainsi que pour celle que nous sommes en train de traverser. Et, aussi, merci beaucoup pour votre aide à venir, car vous continuez d'intervenir favorablement dans ce monde. Alléluia ! Amen !

Il est bon que l'Éternel ! Dieu Tout-Puissant ! Notre Majestueux Saint Père vous bénisse davantage et fertilise davantage vos bonnes œuvres et interventions : c'est très bien ainsi pour l'équilibre de ce monde. Amen.

† Pour tout cela, de tout mon cœur, de tout mon esprit, de toute mon ame, je souhaite vivement que Respect, Amour, Fidélité, Louange et Gloire soient davantage fervemment rendus ici, maintenant, toujours et partout au Père, au Fils, et au Saint-Esprit, avec fervente Reconnaissance aux êtres bienveillants du ciel et de la terre qui nous aident souvent très discrètement. Amen. Amen. Amen.

† Marquer une pause. Puis poursuivre par les Prières de fond pour nos nécessités permanentes, à partir de la page 80

Prières de fond pour nos nécessités permanentes

Supplique à Dieu Notre Père pour une vie glorieuse

Pour cela, prendre le temps de Lui parler avec respect, franchise, adoration et réel souhait de mener une vie sainte, car Il veut que vous Lui ressembliez.

Tous les jours davantage loué ! Loué et respecté soit le SEIGNEUR Dieu des univers ! Notre Saint-Père Bien-Aimé ! Grande Paix dans son Empire, notamment à quiconque l'aime, le craint, l'adore et le respecte en vérité. Amen.

Ô Éternel ! Dieu Notre SEIGNEUR Adoré ! Dieu Notre Père Bien-Aimé ! Je le reconnais : il est bon et essentiel que ta Miséricorde agisse toujours pour nous comme notre espoir alimente en nous la foi en toi[3], Merci SEIGNEUR. Amen.

Or, ta Miséricorde ô Dieu Notre Père Bien-Aimé, Dieu Notre Sauveur Adoré, c'est aussi de nous sauver de ce qui nous pousse à te décevoir, nous en préserver. Alors, je crois que quand nous sommes dépassés, c'est qu'il est temps pour le SEIGNEUR Dieu des univers, Notre Père-Créateur Adoré, Dieu des solutions miraculeuses, d'entrer en Scène pour y remettre le bon ordre. Amen.

Raison pour laquelle, voyant ce qui, malgré moi, se passe en moi, au tour de moi, dans ma famille, et ailleurs, au nom du Seigneur Jésus Christ, avec foi, je crie à toi ô Dieu Tout-Puissant Bienveillant.

Notre Père qui es aux cieux[4] !

Que ton nom soit sanctifié ici, maintenant, toujours et

---

3 Inspiré du Psaume 32,22

4 Inspirée de la Prière Universelle enseignée par Jésus à ses disciples.

partout, maintient harmonieusement l'équilibre, c'est très bien ainsi ! Amen !

Que ton règne, règne ici, maintenant, toujours et partout, maintient harmonieusement l'équilibre, c'est très bien ainsi ! Amen !

Que ta volonté soit faite sur la terre comme au ciel, maintient harmonieusement l'équilibre ici, maintenant, toujours et partout, C'est très bien ainsi ! Amen ! Amen !

Ainsi, pour l'épanouissement et la pérennité de ta Sainte Vision, ô Saint Père Bienveillant, Mon Dieu Adoré à qui j'ai la grâce de me confier et l'immense honneur d'appartenir, je t'en supplie ! Au nom du Seigneur Jésus Christ ton Bien-Aimé Saint Fils, notamment du fait de sa Douloureuse Sainte Passion, et aussi des martyrs et sacrifices, au nom de Jésus Christ, par Amour pour toi,

Je t'en supplie ô Dieu de l'abondance ! Saint Père Bienveillant !

Aide-nous à gagner dignement notre pain quotidien et ce dont nous avons besoin, afin que la recherche de ce dont nous avons besoin ne nous éloigne pas de toi, ne nous fasse pas faire ce qu'il faut éviter. Mais que disposant de ce dont nous avons besoin, nous puissions fidèlement rester proches de toi, à travers les actes et attitudes qui respectent le Saint-Esprit, honorent ton saint nom, et celui de ton Bien-Aimé Saint Fils, le Seigneur Jésus Christ. Amen. -Pause-

Ô Dieu de Miséricorde ! S'il te plaît ô Saint Père Bienveillant ! **Pardonne-nous nos offenses, et aide-nous à pardonner, comme toi tu nous pardonnes**, pour libérer nos cœurs, les disposer à mieux t'écouter, mieux t'entendre, te connaître et te comprendre davantage, et ainsi être les enfants dignes de ta Sainte Vision, fidèlement proches de toi. Amen.

Et encore ô Dieu Tout-Puissant ! Humblement, je t'en supplie ô Saint Père Prévoyant ! **Aide-nous à ne point succomber aux tentations ni aux pressions contrevenant à ta Volonté** ; des égarements, je t'implore de préserver notamment les parents, les enfants, et les personnes consacrées à ton service, ainsi que celles aux postes à hautes responsabilité. Tout cela pour nous aider à éviter de te décevoir, et ainsi rester fidèlement proches de toi de génération en génération à travers tous les âges, et toi davantage avec nous. Amen.

Dans ce sens, ô Dieu de la Délivrance ! S'il te plaît ô Saint Père Bienveillant ! **Délivre-nous de tout mal, de toute emprise maléfique**, pour vivre librement, te servir fidèlement par la digne tenue de nos différents rôles, et le bon accomplissement des missions que tu nous confies. Amen.

Raison pour laquelle, ô Bienveillant Saint Père Céleste Adoré ! S'il te plaît ô Dieu de Haute Protection et d'Inspirations miraculeuses ! **Garde-nous sous ta Haute Protection et inspire-nous**, de sorte que rien ni personne ne puisse nous détourner de toi, ni nous faucher avant l'heure. Mais que, disposant effectivement du précieux temps de présence que tu nous as accordé, -humblement, je souhaite qu'il soit long, digne, saint et beau- nous puissions nous accomplir pleinement dans le bon sens. Amen.

Voilà pourquoi, humblement, je te supplie encore de nous pardonner et nous accorder moyens et pouvoir d'agir dans le sens dont tu peux être fier, tout en vivant dignement nos vies avec succès, contribuant joyeusement dans ta Sainte Vision. Merci SEIGNEUR.

Dans ce sens, ô SEIGNEUR Souverain des univers ! Mon Dieu Mon Père-Créateur Adoré ! Humblement, je te supplie de me pardonner, me guérir de tout ce qui couve négativement en moi, me renforcer, me protéger, m'aider, m'inspirer nettement, et me sanctifier ô Saint Père Dieu de la Sagesse, afin que je puisse mieux agir qu'autrefois, mieux te servir qu'autrefois. Amen.

Et pour me préserver de la dévorante affliction, ô Dieu des Miracles, Mon Père-Créateur Adoré, je t'implore humblement de pardonner, protéger, guérir, renforcer, aider et guider : __ (citer les personnes pour lesquelles vous priez). Merci SEIGNEUR. Tu es Merveilleux ! Davantage respect, amour, fidélité, louange et gloire à toi ! Amen.

Surtout ô Dieu Source des Lumineux Accomplissements ! Parce qu'il est juste et essentiel que leurs actes soient dignes de ton saint nom et leur Mission également,

Humblement, je te supplie de protéger et inspirer davantage les institutions et personnes de bonne foi consacrées à ton service, ainsi que les membres de leurs familles ;

S'il te plaît ô Saint Père Bienveillant ! Je te supplie d'assainir leur rang, et de remettre le bon ordre dans le désordre que certains ont laissé, ô Dieu du Bon Ordre. Amen. -Pause-

Et encore ô Bienveillant Saint Père Céleste, Dieu de la Lumière ! Parce qu'il est juste et essentiel que tout peuple ayant reçu ta Parole évite de régresser dans les ténèbres, sa descendance également ; de même, il est juste et essentiel que des personnes marchant dans les ténèbres, davantage entendent et respectent ta Parole, notamment du fait de la Douloureuse Sainte Passion du Seigneur Jésus Christ ton Bien-Aimé Saint Fils et, aussi, tenant compte du dévouement de tous les saints et de toutes les saintes ayant glorifié ton Saint Nom :

Voilà pourquoi, humblement, je te supplie encore ô SEIGNEUR Dieu des Programmes Extraordinaires, de fertiliser en nous, de génération en génération à travers tous les âges, la sainteté et la puissance de la foi en la Sainte Trinité, ainsi qu'en tes fidèles saints et saintes élevés par ta Grâce pour t'avoir bien servi. Amen.

Et encore, parce qu'il est juste et essentiel que les bonnes œuvres réalisées demeurent saintes et motivantes :

Humblement, je t'implore de neutraliser les égarants, ramener et transformer les égarés ô Bienveillant Saint Père Tout-Puissant. Ô toi qui peux tout ! Je t'implore aussi de protéger et soutenir davantage celles et ceux qui sont sur le Saint chemin, pour que leur foi soit renforcée à chaque pas vers toi. Amen.

Tout cela pour l'épanouissement et la pérennité de ta Sainte Vision, ô SEIGNEUR Souverain des univers, Mon Père-Bienveillant Adoré. Puisque ce monde et tout ce qu'il contient t'appartiennent, nous y compris -c'est peu de chose de reconnaître cela-, s'il te plaît ô Saint Père Bienveillant Adoré ! Ne nous abandonne pas aux péchés.

Humblement, je te supplie encore ô toi le Saint des Saints, de nous aider à les éviter et à préférer ta sainteté. Car il est nécessairement juste et bon que nous te ressemblions, comme tu l'as toujours voulu, et qu'avec plaisir tu nous préserves et nous combles davantage, ô toi dont les bras sont comme des fleuves débordant de merveilleux dons.

Tous les jours davantage loué ! Loué et respecté soit le SEIGNEUR Dieu des univers ! Mon Père-Créateur Bienveillant Adoré ! Je le comprends ! Quand tu tiens compte de ma prière, tu me fais un immense privilège ! Quand tu m'exauces, tu me combles de bonheur ! MERCI ô Dieu des Merveilles ! Tu es Merveilleux ! Amen.

Bénie est ta Parole ! Bénie est ton Énergie ! Bénie est ta Sainteté ! Bénies sont tes Réalisations ! Béni est ton Empire

! Bénis sont tes Archanges et tes Anges ! Bénis sont tes fidèles serviteurs et servantes ! Bénis sont celles et ceux qui t'aiment, te craignent, te respectent et t'adorent en vérité. Bénis sont tes Projets ! Béni ! Béni ! Béni est ton Bien-Aimé Saint Fils, le Seigneur Jésus Christ Notre Sauveur-Rédempteur ! Amen.

Alors oui ! Bénis soient davantage tout ce que tu as fait, tout ce que tu as prévu de faire, et tout ce que tu es en train de faire ô Dieu Merveilleux Saint-Père Adoré, toujours à l'œuvre. Amen.

Humblement, je t'en supplie ! Bénis-moi ô Mon Dieu Adoré ! Mon Père qui est dans les Cieux ! Le Dieu des Bénédictions fertiles ! S'il te plaît ô Saint Père Bienveillant ! Je t'implore de me bénir et me protéger de sorte que ce que j'entreprends dans le bon sens, manifeste lumineusement ta Sainte Vision. Et pour que ce qui m'éloigne de toi, me désole ou me menace soit neutralisé, changé en opportunité d'agir mieux, mieux nous comporter. Amen.

Parce que ce n'est pas qui est à notre service, mais nous ! Nous sommes à ton service ô SEIGNEUR Souverain des univers ! Mon Père-Créateur Adoré ! J'ai donc conscience que toutes les prières que nous t'adressons, c'est pour en faire ce que bon te semble ô Éternel ! Et si tu le veux bien, notamment pour nous qui comptons sur toi et espérons en ton Pouvoir pour l'avènement d'un monde correspondant à ta Sainte Vision. Amen.

C'est pourquoi, je t'en supplie encore, s'il te plaît vois ! Une force logée en nous, parmi nous et autour de nous, nous pousse à te décevoir. Nous avons besoin de ton aide pour lui résister et la neutraliser. Raison pour laquelle je t'implore encore de ne pas nous abandonner à nos égarements, car c'est à toi que nous appartenons, et nous avons besoin de ton aide pour être et demeurer à toi. Amen.

Mon âme, loue le SEIGNEUR, Dieu Notre Saint Père Souverain des univers, et n'oublie aucun de ses bienfaits ! (Tiré du Ps. 103.2) Amen. Et toi, mon esprit, glorifie le Saint-Esprit, rappelle-toi toujours le Seigneur Jésus Christ, ses Étonnants Signes, son Précieux Enseignement, et son Infini Amour pour nous. Médites-y et tiens compte de tout cela. Amen.

Alors mon cœur baignera dans sa Joie, ma conscience dans sa Paix, mon âme dans le bonheur réel, et toi tu intégreras le rang des esprits illuminés bienveillants sur lesquels Dieu Notre Père peut compter. C'est très bien ainsi. Car toi, mon esprit, souviens-toi ! Tu es ici pour faire ce que Dieu Notre Père apprécie. Évite de pécher, fuis les péchés, détourne-toi de ce qui déplaît à Dieu Notre Père. Mais fais ce qu'Il apprécie. Alors tu seras réellement un esprit merveilleux, utile, au service de la Sainte Trinité. C'est grand privilège ! Amen ! Amen !

† Marquer une pause. Puis, prions la Ste Vierge Marie.

Prière de reconnaissance et demande d'intercession à la Ste Vierge Marie, la Mère de l'espoir

En l'honneur et pour la Gloire de la Sainte Trinité !

Je vous salue Marie, pleine de grâces[5] !

Dieu l'Éternel est avec vous ! Vous êtes bénie pour toujours ! Et Jésus, le Fruit de vos entrailles est béni de plus que tous les fils, en témoignent ses œuvres ! Amen.

Ô Bienheureuse Vierge Marie ! Sainte Arche vivante portée non par les hommes mais par le Saint-Esprit !

Je reconnais que vous intercédez activement pour nous, je vous en remercie de tout mon cœur. Et, humblement, je vous supplie de continuer, parce que nous avons toujours besoin de votre aide. Merci.

Ces temps-ci, j'ai besoin de votre aide pour ____ (préciser votre ou vos souhaits). Surtout, ô Précieuse Sainte Vierge Marie, nous avons besoin de votre aide pour que Dieu le Souverain des univers nous préserve d'un destin indigne de sa Sainte Vision. Amen.

Justement, pour l'épanouissement et la perpétuité de sa Sainte Vision indispensable à l'équilibre universel, bénie soyez-vous davantage ô Précieuse Sainte Vierge Marie ! Fertiles soient davantage vos œuvres !

---

5 Tirée de la célèbre Prière Catholique *« Je vous salue Marie ! »*

Amen. Amen. Amen.

† Marquer une pause.
Puis clôturer par les remerciements et demandes à nos Anges-gardiens

Remerciements et demande d'aide à nos Saints Anges-Gardiens

Le mal ne gagnera pas. Et c'est très bien ainsi. Alléluia ! Amen.

Ô vous les Saints Anges-Gardiens ! Les êtres parfaits qui veillent sur nous et nous guident ! Je vous dis merci beaucoup pour votre indispensable travail, et surtout pour votre présence dans ce monde indigne de vous.

Oui, je reconnais que vous êtes précieux ô vous qui faites très bien la volonté de Dieu Notre Père. Amen.

Raison pour laquelle, en vous remerciant encore pour votre indispensable travail, je vous supplie d'utiliser davantage un langage nous permettant de vous comprendre mieux, et l'aide dont nous avons besoin pour agir mieux. Merci.

Et toi, **mon Ange-Gardien** ! L'être parfait qui, patiemment, veille sur moi et me guide. Sans toi, Ta protection m'est indispensable. Tes conseils me sont précieux. Merci.

Je me dispose à t'écouter davantage, et te prie d'utiliser les signes m'aidant à comprendre mieux, et coups de pouce me permettant d'agir avec succès dans le bon sens. Merci.

A chaque instant, force, puissance, succès, triomphe et Paix à vous les fidèles serviteurs de Dieu Notre Père. C'est très bien ainsi pour la Gloire de la Sainte Trinité, gage de l'équilibre universel. Alléluia ! Amen ! Amen ! Amen !

† Marquer une pause. Fin de votre séance.

Séance du soir :
demande d'aide à nos puissants piliers

Prier davantage Dieu Notre Père de nous pardonner et nous aider

Pour cela, prendre la bonne habitude de rester proche de Dieu
et de manifester le souhait qu'il en soit ainsi en toute circonstance.

Dieu le SEIGNEUR Est Ma Source. Dieu le Père Est Ma Source.
Alors, que je demeure en paix, tout va s'arranger, quand Il le décidera. Amen.

---

† En l'Honneur et pour la douce Gloire de la Sainte Trinité, au nom du Seigneur Jésus Christ, par l'intercession de la Sainte Vierge Marie la Mère des miracles, et de Saint Joseph le Saint patron des familles et des projets, l'aide de Sainte Rita, le soutien des Saints Apôtres, l'appui des Saints et des Saintes, le rayonnement des Archanges et des Anges, les dons du Saint-Esprit ! Me voici !

Ô Éternel ! SEIGNEUR Souverain des univers ! Généreux Saint Père-Bienveillant, Mon Dieu à qui j'ai la grâce de me confier ! Ce dont je te remercie de tout mon cœur.

Tous les jours loué ! Loué et respecté sois-tu de génération en génération, car comme le constata ton bon serviteur Moïse et beaucoup de tes illustres serviteurs après lui, malgré ma petitesse, moi aussi j'ai la grâce de remarquer ce que remarqua le sage roi Salomon : « *Il n'y a pas de Dieu comme toi ni là-haut dans les cieux, ni en bas sur terre.* » Vraiment, tu es Parfait ! Bienveillant et plus encore ô Dieu des Merveilles. Tu es Merveilleux ! Loué et respecté sois-tu davantage ! Amen.

Je le reconnais, ô SEIGNEUR Souverain des univers ! Éternel Mon Dieu ! Quand tu nous exauces dans nos justes droits et/ou dans nos nécessités, tu alimentes puissamment en nous la confiance en toi, tu renforces puissamment notre affectueux lien avec toi, tu nous prouves encore que nous comptons beaucoup pour toi, tu nous fais pousser des ailes ! Merci Seigneur. Amen.

Raison pour laquelle, j'ai la grâce de le reconnaître de tout mon cœur, de tout mon esprit, de toute mon âme : ô Dieu d'Abraham ! Tu es Merveilleux ! Dieu d'Isaac ! Tu es Merveilleux ! Dieu d'Israël ! Tu es Merveilleux ! Dieu que Moïse et Aaron ont servi dans le désert ! Tu es Merveilleux ! Dieu qui a parlé par les prophètes : Moïse ; Josué, Samuel, Nathan, Gad, Achija, Élie, Élisée, Isaïe, Baruch, Jérémie, Ézékiel, mais aussi : Osée, Joël, Amos, Abdias, Jonas, Michée, Nahum, Habacuc, Sophonie, Aggée, Zacharie, Malachie, Jean Baptiste, également : Sarah, Myriam, Déborah, Hannah, Abigaël, Houldah, Esther et d'autres ! Merveilleux ! Tu es Merveilleux ! Amen !

Dieu que le Seigneur Jésus Christ nous a révélé comme nulle personne auparavant ! Tous les jours davantage respect, amour, fidélité, louange et gloire à toi ô Saint Père-Bienveillant ! Éternel Dieu Mon Père-Créateur ! Tu es Merveilleux ! Alléluia ! Amen.

C'est sûr ! Quand tu nous exauces dans nos justes droits et/ou dans nos nécessités, tu rétablis la Justice, nous motivant ainsi efficacement à nous rapprocher davantage de toi, et à te demeurer fidèles. Merci SEIGNEUR. A toi davantage respect, amour, fidélité, louange et gloire ici maintenant, toujours et partout ! Alléluia ! Amen !

Toutefois, je comprends que, pour des raisons capitales et/ou pour notre bien, tu puisses ne pas exaucer certains de nos souhaits.

Raison pour laquelle, au nom du Seigneur Jésus Christ, humblement, je t'implore de nous pardonner et continuer de nous exaucer de façon à favoriser davantage notre effectif rapprochement de toi, objet de ta satisfaction et de notre réel bien-être. C'est très bien ainsi Père. Amen.

Nous le remarquons ô Dieu Merveilleux Saint Père Bienveillant, par l'épanouissement et la pérennité de ta Sainte Vision, nos vies deviennent progressivement meilleures et saintes, signe de la Gloire de la Sainte Trinité, et c'est très bien ainsi Père. Amen.

Mais nous le constatons ! Laisser les brebis galeuses et boucs galeux dans le troupeau, sans les soigner, n'augure rien de bon, ô Bon Berger ! Laisser en nous et parmi nous les gens agir comme les mauvaises herbes dans un champ abandonné, sans les encadrer, n'augure rien de bon, ô Bon Jardinier !

Oui, sans toi nous sommes perdus. Ô toi qui as le pouvoir de nous dompter ! Il est certain que nous ne pouvons devenir que ce que tu nous laisses devenir ô Dieu Notre Saint Père-

Créateur. Amen !

Raison pour laquelle, je te supplie humblement de remettre le bon ordre en nous et parmi nous de temps en temps. Je sais que c'est ce que tu fais depuis toujours Père. Mais voyant ce qui se passe, je te supplie de ne pas tarder, car pour l'équilibre universel, il est essentiel que ta Volonté s'accomplisse avec constance. Amen.

Dans ce sens, je te supplie encore de me pardonner, me protéger et m'aider à mieux m'accomplir. Humblement, je t'implore de pardonner, protéger et aider également _____ (citer les personnes concernées). Amen.

J'agis donc du mieux que je le peux et je m'en remets à toi pour la suite à ton avantage Père, car ton avantage nous est favorable. Amen.

Tu m'as offert le privilège de consacrer du temps à te prier ainsi, ô Saint Père éternellement vénéré, Mon Dieu Bienveillant, je te supplie d'accueillir favorablement ma prière et m'exaucer Père. Amen !

Tous les jours, davantage amour, respect, fidélité, louange et gloire à toi Éternel Mon Dieu ! Grande Paix dans ton Empire, notamment à quiconque t'aime, te craint, t'adore et te respecte en vérité ! Amen.

† Au nom du Seigneur Jésus Christ, notamment du fait de sa Douloureuse Sainte Passion, constatant le Pouvoir actif du Saint-Esprit, en reconnaissance de l'activité de la Sainte

Vierge Marie Notre Bienveillante Sainte Mère céleste, qui a motivé la construction des sanctuaires dans ce monde pour entretenir le lien avec nous et nous aider dans nos nécessités, en reconnaissance de l'activité des archanges et des anges, des saints et des saintes qui, par ta Grâce, continuent de nous aider dans nos nécessités, et pour fertiliser les bonnes actions des personnes se confiant à toi, et aussi préserver les bonnes œuvres des personnes qui, autrefois, se confiaient à toi,

Humblement, je t'en supplie encore ô Éternel, SEIGNEUR Souverain des univers ! Mon Dieu Bienveillant ! Mon Père-Créateur Adoré ! Que tout s'arrange harmonieusement bien par ta Grâce, favorable à l'épanouissement et la pérennité de ta Sainte Vision, signe de la Gloire de la Sainte Trinité, indispensable à l'équilibre universel, gage de notre bien-être. Alléluia ! Amen ! Amen !

Ici, maintenant, toujours et partout, davantage respect, amour, fidélité, reconnaissance, ferveur, et gloire aux Merveilleux Membres de la Sainte Trinité ! Alléluia ! Amen. Amen. Amen.

† Marquer une pause.
Puis poursuivre par la demande d'aide à la Ste Vierge Marie

Prière pour demande d'aide à la Ste Vierge Marie, la Mère des Miracles

Pour l'épanouissement et la pérennité de la Sainte Vision, indispensable à l'équilibre universel, au nom du Seigneur Jésus Christ, humblement, je vous salue ô Sainte Vierge Marie ! Vous êtes bénie ! Fertiles soient davantage vos interventions ! Amen !

Ô Sainte Vierge Marie ! Vous qui avez le formidable privilège d'être la Mère de Jésus Christ ! La Mère de Dieu Sauve ! La Mère du Rédempteur ! La Mère de l'Église ! La Mère de la Chrétienté ! Notre Bienveillante Sainte Mère Céleste ! Sanctuaire Vivante où Jésus christ s'incarna ! Rien, ni personne ne peut vous déstabiliser ô Admirable Sainte Arche Vivante portée, non par les hommes, mais par le Saint-Esprit ! Pour le Ciel et pour les peuples de la Terre, vous êtes vraiment très Précieuse ô Sainte Vierge Marie ! Alléluia ! Amen.

Voilà pourquoi, humblement, je vous supplie de ne point déserter vos sanctuaires, car par votre activité miraculeuse, ils restent victorieusement animés et c'est très bien ainsi pour l'équilibre du monde. Amen.

Je sais que vous veillez sur moi depuis mon enfance ô Ma Sainte Mère. Je sais aussi que vous m'aidez dans mes nécessités. Pour tout cela, je vous dis merci beaucoup, et vous supplie de continuer, parce que j'ai toujours besoin de votre aide ô Merveilleuse Sainte Vierge Marie ! Ma Bienveillante Sainte Mère du Ciel. MERCI.

Ces temps-ci, j'ai besoin de votre aide pour ___ (préciser votre ou vos souhaits). Surtout, ô Précieuse Sainte Vierge Marie, nous avons besoin de votre aide pour que Dieu le Souverain des univers nous préserve d'un destin indigne de sa Sainte Vision. MERCI. AMEN.

Pour l'épanouissement et la perpétuité de la Sainte Vision de Dieu Notre Père, signe de la Gloire de la Sainte Trinité, au nom de Jésus Christ, de génération en génération à travers tous les âges ! Bénie ! Bénie ! Bénie soyez-vous davantage ô Précieuse Sainte Vierge Marie ! Fertiles soient davantage vos œuvres !

Amen. Amen. Amen.

Marquer une pause.
Puis poursuivre par les souhaits essentiels.

Émettre les Souhaits Essentiels

Car il est bon et très important d'émettre des souhaits essentiels.

Pour l'épanouissement et la pérennité de la Sainte Vision de Dieu Notre Saint Père Bienveillant, indispensable à l'équilibre universel,

Au nom du Seigneur Jésus Christ, humblement, je souhaite vivement que Dieu Tout-Puissant, Notre Bienfaiteur Saint Père-Créateur Adoré, nous fasse l'immense privilège de Lui rendre de rayonnants témoignages de ses Précieux Bienfaits, de sa Lumineuse Présence, de son Infini Pouvoir. Amen.

Voilà pourquoi, humblement, je souhaite qu'Il nous pardonne, nous protège et nous aide en fertilisant nos bonnes intentions et bons efforts, et en neutralisant nos mauvais actes pour les changer en opportunités d'agir mieux, mieux nous comporter. Amen.

Et que de génération en génération, Il soit encore et toujours davantage fervemment adoré, car Il est Bon, le SEIGNEUR Souverain des univers ! Notre Dieu Bien-Aimé ! Notre Père-Créateur Adoré est Merveilleux ! A Lui davantage respect, amour, fidélité, louange ici, maintenant, toujours et partout ! C'est très bien ainsi. Alléluia ! Amen ! Amen !

† Marquer une pause. Puis poursuivre par l'auto mise à disposition.

Prière d'auto mise à disposition pour les bons accomplissements

Au nom du Seigneur Jésus Christ, humblement, me voici encore ô SEIGNEUR Souverain des univers ! Merveille des Merveilles ! Dieu d'Excellentes Nouvelles ! Mon Dieu Bien-Aimé ! Mon Père-Créateur Adoré ! humblement, me voici !

J'ai la grâce de t'avoir adressé ma prière, merci SEIGNEUR. Humblement, je suis à ton écoute, si tu veux bien te manifester à moi, par moi ou à travers l'une ou l'un des miens, c'est un privilège pour moi, me voici !

Il est juste et bon que ton nom soit sanctifié ici, maintenant, toujours et partout. Amen. Pour cela ton aide nous est indispensable. Amen.

Il est juste et bon que ton règne, règne ici, maintenant, toujours et partout. Amen. Pour cela ton aide nous est indispensable. Amen.

Il est juste, bon et essentiel que ta volonté soit faite ici, maintenant, toujours et partout, de génération en génération à travers tous les âges. Amen. Pour cela ton aide nous est indispensable. Amen.

Raison pour laquelle, humblement, je te supplie encore de nous pardonner, nous aider à éviter ce qui te déplaît et à faire ce qui te plait. Ainsi nous ne te serons point décevants, mais une source de joie. Amen.

Me voici encore ô SEIGNEUR Souverain des univers ! Humblement, je suis à ton écoute ô Merveilleux Père-Créateur Bienveillant, Mon Dieu Adoré. S'il te plaît ne m'ignore pas. Je suis à ton écoute, je me dispose à éviter ce qui te déçoit, et à contribuer favorablement dans ta Sainte Vision. Car il est bon, juste et essentiel d'y contribuer moi aussi. Qu'ainsi soit-il, puisque c'est le but de ma présence dans ce monde. Amen.

Alors humblement, me voici, je suis là, je suis à ton écoute.

Je vais agir du mieux que je le peux, tout en restant à ton écoute, dans l'attente de tes Instructions claires, pour les comprendre, et de ta précieuse aide, pour que je sois efficace. Amen.

Merci SEIGNEUR. A toi davantage respect, amour, fidélité, louange et gloire de génération en génération à travers tous les âges ô Dieu des Merveilles ! Saint-Père Bienveillant ! Pour cela, ta protection et tes aides nous sont vraiment indispensables.

Amen. Amen. Amen.

Marquer une pause. Puis terminer par la sollicitation à nos Anges-gardiens.

Reconnaissance et demande d'aide à nos Anges-gardiens

Le mal ne gagnera pas. Et c'est très bien ainsi. Alléluia ! Amen.

Ô vous nos Anges-gardiens, Dieu Notre Père vous fait confiance. Le Seigneur Jésus Christ vous fait confiance. Le Saint-Esprit compte sur vous pour retenir les dons qu'Il déverse en nous. Les autres Anges et les Archanges comptent sur vous tenir bon et réussir votre Mission auprès de nous. Tous les saints et toutes les saintes comptent sur vous pour veiller sur nous. J'ai donc la grâce de vous faire confiance et de compter sur vous pour réussir ma vie. Amen.

Je reconnais que votre mission auprès de nous est très difficile, car nous sommes indisciplinés. Mais je sais que rien ne dépasse un ange de Dieu Notre Père et c'est très bien ainsi. Amen.

Voilà pourquoi je vous supplie de persévérer à nous faire comprendre notre intérêt à écouter et à appliquer vos merveilleux conseils. Amen.

Bénis soyez-vous davantage ! Fertiles soient davantage toutes vos interventions en notre faveur. Qu'elles soient toujours couronnées de succès. C'est très bien ainsi pour l'épanouissement et la pérennité de sa Sainte Vision, indispensable à notre sainteté, indispensable à notre perfection, signe de la Gloire de la Sainte Trinité, indispensable à l'harmonie universelle. Amen. Amen.

Et toi, mon Ange-gardien ! Toi l'être parfait qui veille sur moi, tu es béni. Béni sois-tu davantage. Davantage fertiles soient toutes tes interventions. Amen.

Merci beaucoup d'être là pour veiller sur moi, me guider, et m'inspirer. Tu es parfait, tu es précieux ô toi qui toujours fais la Volonté de Dieu Notre Père. Ô toi qui toujours évite ce qu'Il désapprouve.

S'il te plaît, ne te lasse pas de me protéger et de me guider. S'il te plaît, ne m'abandonne pas quand je m'obstine malgré tes conseils, car parfois soit je ne comprends pas, soit c'est plus fort que moi. Voilà pourquoi je te supplie d'utiliser un langage me permettant de mieux te comprendre ô mon Ange ! Amen.

Davantage respect, reconnaissance, force, puissance, succès, triomphe et félicitations aux Fidèles serviteurs et servantes de Dieu Tout-Puissant, Notre Saint Père Bienveillant. Amen.

Davantage respect, amour, fidélité, louange et gloire à la Sainte Trinité de Dieu Notre Père, et de Jésus Christ Notre Sauveur-Rédempteur, et du Saint-Esprit des Merveilleux dons.

Amen. Amen. Amen.

† Marquer une pause. Fin de votre séance.

Je souhaite que Dieu me pardonne et me protège. Amen.

Je souhaite que Jésus me pardonne et me libère de toute emprise non sienne. Amen.

Je souhaite que le Saint-Esprit me pardonne et illumine davantage mon esprit. Amen.

Je souhaite que la Vierge Marie me fasse une agréable surprise. Amen.

Je souhaite que les saints et les saintes intercèdent pour que Dieu Notre Saint Père ne nous abandonne pas à ce qu'il faut éviter. Amen.

Restez connecté, actif et éveillé

Pour cela, rejetez le mal, activez votre droit de retrait,
Choisissez le bien et activez l'auto-délivrance

En rejetant le mal avec constance pour demeurer proche de Dieu Notre Père, si vous le Lui demandez, souvent humblement avec insistance, Il fera la différence entre vous et vos adversaires qui affectionnent faire le mal par intérêt, jalousie ou pour le plaisir de faire mal.

Dieu a dit à Moïse au cours de la libération des Hébreux de l'esclavage en Égypte : ***« Pourtant, ce jour-là, je ferai une différence pour la région de Gochen, où mon peuple habite. »*** Voilà une parole réjouissante pour vous qui vous en remettez à Dieu et subissez injustement les décisions et activités malveillantes des gens injustement mauvais. Sachez qu'à un moment donné, Dieu fait la différence entre vous et de telles personnes.

Seulement, il est bon de savoir que consulter les marabouts, sorciers ou sorcières, lie au mal à travers leurs mauvaises activités. Faire volontairement ce que Dieu désapprouve lie fortement au mal.

C'est pourquoi si, à un moment donné l'un ou l'une des vôtres ou vous-même avez eu à faire avec ceux-là, pour rejeter le mal et vous différencier des gens qui affectionnent le mal, exprimez votre droit de renonciation et de retrait.

En fait, tant que vous êtes en vie, vous avez le droit, à tout moment, de choisir votre camp : celui des forces du bien ou celui des forces du mal. En choisissant délibérément un seul des deux camps, vous renoncez délibérément à l'autre camp. Il s'agit-là d'un droit que nul ne peut vous refuser tant que vous êtes en vie.

Vous renoncez au mal en faisant de votre mieux pour éviter ce que désapprouve Dieu Notre Père-Créateur. Alors, renoncez délibérément au mal ! Et usez de votre droit de retrait. Alors par la grâce de Dieu Tout-Puissant, au nom du Seigneur Jésus Christ Puissant Sauveur-Libérateur, vous retrouverez votre totale spirituelle liberté[6] et serez délivré de leurs méfaits.

Ainsi, en restant connecté, les mauvais coups qui vous sont portés seront transformés en opportunités à concrétiser directement ou indirectement par vous. Et pour ce qui ne se transformera pas à votre avantage, ne vous inquiétez pas trop, car il y aura-là une raison à votre avantage, directement ou indirectement.

En demeurant fidèlement proche de Dieu Notre Père, les marabouts non plus ne peuvent faire grand-chose contre vous, ni les malveillants orgueilleux. Voilà pourquoi ils vous font peur pour vous pousser à baisser les bras, ou à faire un faux pas, par exemple perdre confiance en Dieu et chercher

---

6 Spirituelle liberté : une liberté plus puissante que celle qui uniquement matérielle.

secours auprès des forces occultes.

Mais nous le savons ! Toute personne ayant demandé service à un de ces gens-là peut témoigner de la vie qui se complique davantage suite à leurs interventions.

Alors, surtout lorsque rien ne va, restez proche de Dieu à travers vos prières matin et soir ponctuées d'actions de grâce, et soyez patient en agissant dans le bon sens. Tout rentrera dans le bon ordre le moment venu. En effet, qui donc peut arracher quoi que ce soit à Dieu ? Qui donc peut atteindre une personne sous la protection de Dieu s'Il n'a aucune raison pour laisser faire !

Continuez donc d'alimenter votre foi en Dieu et en Jésus Christ, et aussi, continuez à manifester une sincère reconnaissance envers la Sainte Vierge Marie. Tout cela sécurise votre vie dans tous ses domaines.

Il est indéniable que les Israélites, sur la base de pertinents motifs, refusèrent de croire Jésus Christ malgré diverses et nombreuses œuvres qu'il opérait. De même, beaucoup d'entre nous boudent la mère du Seigneur Jésus nonobstant les miracles qu'elle accomplit depuis son ascension, comme nulle personne. Ils s'excluent ainsi de diverses grâces que seule la Vierge Marie est en position d'obtenir pour eux.

N'hésitez pas de continuer à demander de l'aide à la Sainte Vierge Marie, notre Bienveillante Mère Céleste, parce qu'elle agit efficacement et très discrètement, elle est active ! J'ai déjà bénéficié de son aide à plusieurs reprises !

Et parce qu'en vérité, Dieu Notre Père ne peut se réjouir de nous délivrer et nous garder sous sa protection si nous continuons à faire ce qu'il faut éviter, Il se consolera de vous voir, vous aussi, poursuivre votre vie avec fidélité et dignité.

Quant aux êtres malveillants, ils restent nuisibles parce que c'est plus fort qu'eux. Mais quand ils sont fortement secoués, cela les occupe et ils stoppent. Aussitôt qu'ils se croient en sécurité, ils reviennent à la charge.

Voilà pourquoi rester éveillé par les Prières Actives régulières pour alimenter votre bouclier de protection est indispensable. C'est la meilleure façon de les tenir en laisse et de vivre mieux votre vie.

Vous êtes le premier gardien ou la première gardienne de votre vie et de celle des personnes dont vous êtes responsable. Maintenez votre garde en place et suffisamment renforcée avec une bonne dose de prières vigilantes, et Dieu Notre Père fera le reste. Alors vous ne serez pas un simple pion dans ce monde. Vous vous élèverez harmonieusement, sans que les forces opposées puissent vous retenir définitivement.

Chant à fredonner pour la délivrance

Parce que le chant produit des vibrations et bien plus encore, de temps en temps, n'hésitez pas de chanter ou de fredonner des chants dont l'écho peut produire des miracles en vous.

*****

Pour l'épanouissement et la pérennité de la Sainte Vision de Dieu Notre Saint-Père-Bienveillant, indispensable pour l'équilibre universel,

Parole de Jésus Christ ! Parole de Jésus Christ ! Pénètre-nous ! Pénètre-nous pour nous purifier ! Pour nous purifier ! Parole de Jésus Christ, pénètre-nous !

Lumière de Jésus Christ ! Lumière de Jésus Christ ! Viens en nous ! Viens en nous pour nous éclairer ! Pour nous éclairer ô Lumière de Jésus Christ ! Viens en nous !

Seigneur Jésus Christ ! Seigneur Jésus Christ ! Ô Saint Puissant Fils de Dieu ! Nous sommes à toi et avec toi ! Je t'en supplie ! Sauve-nous et aide-nous car nous sommes à toi et avec toi !

Oui ! Nous sommes à toi et avec toi ! Je t'en supplie ! Sauve-nous et aide-nous Mon Seigneur !

Merci Seigneur Jésus Christ ! Tous les jours davantage respect, attirance, amour, loyauté, ferveur et gloire à toi ô Mon Seigneur Adoré. Amen ! Amen ! Amen !

Paris, le 24 04 2020– 9h50 et 10 08 2020 retouchée les 09 10 et 25 11. 2021

Témoignages encourageants

Toutes celles et tous ceux qui, avec foi, demandèrent de l'aide au Seigneur Jésus Christ, il leur en donna.

Saint Marc (10.46 à 10.52) nous a rapporté la scène ci-après :

« ... tandis que Jésus sortait de Jéricho avec ses disciples et une foule nombreuse, le fils de Timée, Bartimée, un aveugle qui mendiait, était assis au bord du chemin. Quand il entendit que c'était Jésus de Nazareth, il se mit à crier : « Fils de David, Jésus, prends pitié de moi ! » Beaucoup de gens le rabrouaient pour le faire taire, mais il criait de plus belle : « Fils de David, prends pitié de moi ! »

Jésus s'arrêta et dit : « Appelez-le. » On appelle donc l'aveugle, et on lui dit : « Confiance, lève-toi ; il t'appelle. » L'aveugle jeta son manteau, bondit et courut vers Jésus. Prenant la parole, Jésus lui dit : « Que veux-tu que je fasse pour toi ? » L'aveugle lui dit : « Rabbouni, que je retrouve la vue ! » Et Jésus lui dit : « Va, ta foi t'a sauvé. » Aussitôt l'homme retrouva la vue, et il suivait Jésus sur le chemin. » Amen.

Il arrive des moments où, comme Bartimée, nous nous trouvons au bord de la route du fait de certains de nos choix et aussi des mauvais coups. A ces moments-là, nous avons besoin d'aide pour nous en sortir.

Seulement, autour de nous, il y a de l'agitation pour nous empêcher d'atteindre l'aide dont nous avons besoin. Cette agitation est tout ce qui nous pousse à laisser tomber : nos préoccupations personnelles qui dirigent notre attention ailleurs que là où nous devons la diriger, le découragement pour avoir longtemps espéré sans résultat apaisant, mais aussi les forces opposées qui nous intimident brutalement.

L'histoire de Bartimée nous laisse comprendre que c'est seulement en restant connecté que nous avons une réelle chance de nous en sortir.

En effet, que serait-il passé si découragé par l'agitation, et les gens qui l'en empêchaient, Bartimée avait cessé d'appeler Jésus à l'aide ?

Alors oui ! Si vous avez réellement besoin de vous en sortir de cette situation, continuez de prier car c'est une puissante façon de manifester votre foi : le fait de continuer encore et encore à prier même si tout va mal. Et vous l'avez bien compris ! C'est votre foi qui active l'aide qui vous est accordée.

De son aveu : « *Mon Père œuvre, moi aussi j'œuvre.* » Le Seigneur Jésus ne reste pas inactif. De nos jours encore, il agit. Je peux personnellement témoigner qu'il me sort des situations éprouvantes.

De mon côté, je reste active : je prie avec constance et j'agis du mieux que je peux. Car c'est notamment dans le cadre de notre action que les Forces Bienveillantes nous accordent leur aide.

En vous connectant mieux qu'autrefois à Dieu Tout-Puissant, personne ne décidera de votre sort, à part vous-même.

Alors, restez connecté à travers la Prière quotidienne, du mieux que vous pouvez, faites les Actions de grâce, et adoptez une sainte façon de vivre devant Dieu Notre Père. Alors vous vous en sortirez en douceur, au point de douter que là est la réponse de Dieu Notre Père, suite à vos prières.

****

EXODE 5 et 6 Texte littéral avec Décryptage & Compréhension

Disposez-vous d'une Bible et si oui, l'étudiez-vous ?

C'est un Outil indispensable notamment pour nous qui croyons en Dieu. Car là, dedans, Dieu nous a laissé des informations et sagesses pour nous aider à améliorer notre existence sur le plan matériel, moral et spirituel.

Seulement, voilà : il se pourrait que malgré votre bonne volonté de lire la Bible, la comprendre ne soit pas facile. Ce qui peut provoquer l'envie de la laisser dormir dans un coin de votre bibliothèque ou quelque part chez vous.

Oui, beaucoup de personnes aimeraient lire quotidiennement la Bible. Seulement voilà, lorsqu'on se met à la lire et/ou à l'étudier, au lieu de voir clair, on se trouve plutôt face à une avalanche de questions sans réponses.

Vous trouverez ci-après un décryptage et compréhension du Livre de l'Exode, chapitres 5 et 6. Ainsi, pas à pas, vous vous familiariserez à une compréhension profonde vous permettant d'apprécier la Bible, et d'en faire un outil au service de votre développement et d'accroissement de votre sagesse, indispensable pour une vie harmonieusement comblée.

Exode 5.1 à 5.5 : Moïse et Aaron font une demande au roi d'Égypte : Texte littéral[7]

> *« 5.1 Après cela, Moïse et Aaron vont trouver le roi d'Égypte. Ils lui disent : « Le SEIGNEUR, Dieu d'Israël, te donne cet ordre : "Laisse partir mon peuple dans le désert. Là, il doit célébrer une fête en mon honneur." »*
>
> *(...)*
>
> *« 5.5 Maintenant ces gens sont devenus nombreux. Et vous voulez qu'ils laissent leur travail maintenant ? »*

Exode 5.1 à 5.5 : Décryptage & Compréhension

Exode 5.1 dépeint une scène des situations pénibles qui demandent beaucoup d'efforts et de persévérance, pour être résolues. En d'autres termes, il s'agit des situations où, avant de vous réjouir, vous avez des efforts à fournir, des défis à relever. Allez-vous les relever ? Serez-vous, non seulement déterminé, mais surtout persévérant face aux courants contraires à votre accomplissement ou à votre harmonie ?

Dans l'affirmative, vous pourrez *célébrer une fête en l'honneur de Dieu.* Mais, rappelez-vous, avant d'arriver à ce stade, vous risquez *de transpirer* au point de vouloir renoncer ! Alors, tenez bon ! Vous qui agissez dans le bon sens, tenez bon car Dieu Lui aussi compte sur vous !

---

[7]Voir par exemple la Bible Parole de Vie – Alliance Biblique Universelle, et aussi AELF.

En effet, à travers les termes « *partir ... dans le désert,* » Exode 5.1 laisse comprendre que pour *célébrer une telle fête,* on passe par des efforts considérables. Et pour Dieu, de tels efforts présagent une fête en son honneur parce que chacun et chacune de nous qui s'en sort c'est une victoire pour Dieu.

Alors, Il ne peut manquer de vous encourager encore et encore, en vous donnant un coup de pouce aux moments où vos limites sont atteintes. Et rappelez-vous ! Vos limites sont loin d'être atteintes. Alors tenez bon même si, pour l'instant tout semble aller dans le sens inverse, tenez bon tant que vous agissez en tenant compte du Plan de Dieu, tenez bon, et Dieu Notre Père fera le reste.

Passons dans le vif du sujet, avec Exode 5.2 :

> « [5.2] *Le roi répond : « Quoi ? Laisser partir les Israélites ? Mais qui est ce SEIGNEUR ? Est-ce que je dois l'écouter, moi ? Non ! Je ne connais pas le SEIGNEUR. Alors, je ne vous laisserai pas partir ! »*

Pour la compréhension, dans Exode 5.2, *le roi* peut représenter votre puissant opposant, souvent c'est vous-même également. Quant aux *Israélites,* ils peuvent représenter non seulement vous-même, mais aussi votre véritable souhait. Et, naturellement, le *SEIGNEUR* peut désigner la manifestation du pouvoir qui vous redonne votre dignité, votre liberté, ou vous permet d'accéder à votre véritable place dans la vie.

Supposons que vous vous appelez Dominique, pour la

compréhension bien sûr.

Votre opposant extérieur dit : « *quoi ? Laisser partir Dominique ? Ce qui compte pour Dominique m'importe peu. Alors, je ne laisserai pas partir Dominique !* » Quant à votre opposant intérieur, il s'exclame : « *je ne puis laisser tomber ! J'en ai besoin !* » En d'autres termes, vous vous dites : « *comment ? Mais je ne puis partir, car j'ai besoin de rester là, même si c'est trop difficile.* » Ou, « *pour des résultats aussi peu encourageants, pourquoi continuer ?* »

Ainsi, quel que soit le type de votre opposant, sa réaction est normale, parce qu'il a ses motifs pour vous maintenir dans cette situation. Et ses motifs s'opposent à votre bonheur. Ses motifs s'opposent fortement à votre élévation au meilleur niveau de savoir être. Alors ne vous laissez pas duper. Persévérez de votre mieux pour aller dans le bon sens. C'est par là que passe votre chemin pour vous élever dignement et vous accomplir glorieusement.

Mais revenons à la réaction du roi d'Égypte, dépeinte dans Exode 5.2. S'il connaissait le SEIGNEUR, laisserait-il partir les Israélites ? En d'autres termes, ferait-il d'emblée ce que le SEIGNEUR lui ordonne ?

La réponse immédiate est : c'est peu probable. En effet, même Moïse, après avoir longuement parlé avec le SEIGNEUR, après avoir su et vu qui était le SEIGNEUR, n'a pas obéi immédiatement. Il a déclaré qu'il n'en n'était pas capable. Il a fallu au SEIGNEUR beaucoup de patience et de solides arguments pour le convaincre.

En fait, peu de personnes obéissent immédiatement comme Abraham, Isaac ou Aaron, la Vierge Marie, Joseph, ... La majorité d'entre nous présente des excuses valables pour éviter d'écouter, de faire ce que demande le Destin. Il en est de même pour le roi d'Égypte. Même à cœur non fermé, il n'aurait pas laissé partir les Israélites sans y être contraint.

Sur un plan personnel, Exode 5.2 évoque les excuses que nous avançons pour éviter de faire ou de dire ce que nous devons. Comme le Pharaon, nous doutons des arguments et signes qui nous sont destinés.

Pour le reste, quand ce n'est pas autrui qui nous décourage, nous-mêmes, nous avançons de saisissants arguments en disant : *« Je ne suis pas capable. J'ai besoin de cela d'abord... Sans ceci je ne puis rien faire... Je ne suis pas sûr que cela vaille la peine. Ce n'est peut-être pas ma voie. Si c'est toujours comme cela c'est que Dieu le veut ainsi... »* Tout ceci pour nous auto persuader n'avoir pas de choix.

Face à ces arguments, la réaction de Séfora, la femme de Moïse (cf. Exode 4.24 à 4.26), nous motive à faire seulement ce que nous devons et pouvons, avec les moyens déjà à notre disposition, et ainsi éviter de souffrir inutilement, ou mieux encore, éviter le pire. En procédant ainsi, nous ne pouvons manquer de fêter notre liberté de servir le SEIGNEUR. Servir le SEIGNEUR, c'est en fait mener une vie tenant compte de ce que Dieu Notre Père approuve ou pas.

Poursuivons par Exode 5.3 qui attire notre attention sur différents points :

> *« 5.3 Moïse et Aaron disent : « Le Dieu des Hébreux s'est montré à nous. Laissez-nous partir ! Nous marcherons pendant trois jours dans le désert. Et là, nous offrirons des sacrifices au SEIGNEUR notre Dieu. Ainsi, il ne nous fera pas mourir par la peste ou par la guerre. »*

Pour la compréhension, dans Exode 5.3, Moïse et Aaron peuvent représenter la voix de votre conscience. Et le Dieu des Hébreux désigne, naturellement, la voix de votre destin.

Cette voix, en vous et par d'autres signes, vous dit : « *fais-nous quitter cet endroit. Le destin nous appelle ailleurs, à travers un chemin difficile au cours duquel nous avons à offrir des sacrifices, pour éviter le pire.* » Ou, dans le meilleur des cas : « *fais-nous sortir de là. Nous avons mieux à faire, ailleurs !* » Ou : « *ne perd pas espoir, tiens bon. Continue d'agir de ton mieux avec courage et détermination pour t'en sortir.* »

Quant au passage « *offrir des sacrifices à Dieu* », nous savons que Dieu Notre Père et Père-Créateur de cet univers, apprécie plutôt les actions de grâce, les chants de louanges, les actes qui honorent son saint nom.

De même, le temps et les moyens que nous consacrons pour rester davantage proches de Lui, les efforts que nous fournissons pour éviter ce qui Lui déplaît, constituent des sacrifices qui Lui plaisent. Car ils contribuent à l'entretien de notre relation avec Lui, pour le bon cheminement de son

Merveilleux Plan concernant ce monde.

Alors oui ! Vos efforts pour mieux entretenir votre relation avec Dieu, vous efforts pour éviter ce qu'Il désapprouve, forment des sacrifices qui plaisent à Dieu. Et quand quelqu'un se déploie pour faire ce qui plaît à Dieu, Dieu en tient compte pour l'écouter davantage, l'aider davantage dans ses nécessités et dans ses justes droits.

En fait, votre ascension est déclenchée par le fruit de vos efforts fertilisés par le divin coup de pouce.

Pour la suite, que veut dire Exode 5.3 par : « *Ainsi, il ne nous fera pas mourir par la peste ou par la guerre.* »

La réponse immédiate est : la peste et la guerre occasionnent la mort sans que les gens puissent généralement comprendre le pourquoi. Alors, certains s'imaginaient que ces fléaux étaient provoqués par Dieu et que les sacrifices pouvaient les en préserver.

La vérité est qu'ils n'avaient pas compris que Dieu n'y était pour rien. Donc ils ne pouvaient pas comprendre le type de sacrifices qu'il leur fallait faire pour éviter ces différents sujets d'insatisfaction et de malheur.

La preuve, observez bien votre passé. Vous comprendrez que Dieu ne vous a jamais envoyé la moindre épreuve, la moindre maladie, la moindre malédiction. Mais Il vous a souvent aidé à vous en sortir, avec une discrétion laissant croire que vous n'avez pas bénéficié de son aide.

Ainsi, les sacrifices sont tout ce que nous avons à accepter de faire et à éviter de faire, les uns et les autres, pour faire reculer les maladies, les malédictions, les guerres.

De la même façon, les sacrifices à offrir à Dieu sont les privations que nous avons à accepter pour accomplir quelque chose pouvant demander un travail intimidant, voire des efforts au-delà de l'ordinaire.

Mais ce n'est pas tout. Certaines de nos possessions générant des tas de problèmes, les sacrifices à offrir à Dieu, et qui Lui plaisent, sont tout ce à quoi nous avons à renoncer pour aller dans le sens de son Projet. Oui, certains de nos avantages et possessions nous ralentissent ou nous bloquent. Or, en y renonçant, (partiellement ou totalement) nous pouvons avancer sereinement dans le bon sens.

J'affirme tout cela après avoir constaté ma vie s'articuler harmonieusement, parce que j'ai réussi à renoncer à tout ce qui m'éloignait du bon sens. Alors le vrai Chemin s'est ouvert à moi, et j'y trouve tout ce dont j'ai réellement besoin.

Oui, quand on accepte de suivre le Plan de Dieu, on ne peut manquer de rien, on dispose de tout ce dont on a réellement besoin. Le surplus qui nous attire, alimente l'avidité et l'insatisfaction chronique. Voilà pourquoi il est bon de s'en tenir à ce dont vous avez besoin. Ainsi vous évitez les tracas cachés derrière les possessions dont vous n'avez pas besoin. Alors vous menez votre vie avec simplicité et plénitude.

Passons à Exode 5.4 à 5.5 qui soulève notamment *le thème*

des arguments irritants.

> « 5.4 *Le roi d'Égypte leur dit : « Moïse ! Aaron ! Vous voulez empêcher les Israélites de travailler ? Pourquoi donc ? Occupez-vous de vos affaires !* 5.5 *Maintenant ces gens sont devenus nombreux. Et vous voulez qu'ils laissent leur travail maintenant ? »*

Ce roi dit à Moïse et à Aaron : « *Occupez-vous de vos affaires !* » Pourtant c'est ce qu'ils font, en ayant le courage de venir, devant lui, demander la libération des Hébreux.

Pour la compréhension, le roi d'Égypte, dans Exode 5.4, peut représenter ceux et celles qui, ne pouvant ou ne voulant pas vous comprendre, avancent des questions et des réponses qui ne peuvent manquer de vous irriter. Dans ce cas, essayez surtout de vous maîtriser. Parce qu'il s'agit en fait d'une manœuvre dans le but de provoquer une dispute et empêcher un dialogue constructif.

Quant à Exode 5.5, à travers l'expression : « *ils sont devenus nombreux* », il évoque un futile prétexte utilisé par le roi pour garder les Hébreux en esclavage. Le fait d'être devenus nombreux suffit-il pour les retenir et les faire souffrir ?

Sur un plan personnel, Exode 5.4 à 5.5 évoque le type de prétexte qu'on peut utiliser pour vous empêcher d'agir, de retrouver votre dignité, ce qui vous revient de plein droit.

Dans ce sens, la réplique : « *Et vous voulez qu'ils laissent leur travail maintenant ?* » peut soulever les questions suivantes :

De quel travail s'agit-il ? Dans l'intérêt de qui ? Quel travail mérite de priver l'être humain de sa liberté, ou de son équilibre intérieur ?

Ainsi, Exode 5.5 s'adresse, principalement, à vous qui êtes en train de mener une vie vous centrant sur vous-même, pour vous préciser que tout est organisé pour vous persuader que c'est là votre place ou votre mode de vie à préserver. Ne soyez pas dupe, car vous valez mieux.

Ceux et celles qui vous maintiennent ainsi ne pensent pas à vous. Autrement, ils ne tiendraient pas un tel discours. Si vous-même vous choisissez de demeurer dans cette situation, c'est uniquement par peur du fait des épreuves passées, mais aussi à cause de l'incertitude pour votre devenir, et c'est normal.

Aussi, *bien peser le pour et le contre* peut vous aider dans votre choix. Toutefois, vous engager dans une voie sans issue, sous la pulsion que votre place n'est pas à l'endroit où vous vous trouvez, n'est pas la solution. Alors, avec discernement, suivez votre cœur et les bons conseils. Non pas qu'en suivant votre cœur et les bons conseils la peur vous quitte. Mais parce que, si vous ne suivez pas votre cœur ou si vous négligez les bons conseils, les signes qui se manifestent, vous risqueriez de manquer votre destin et vous en rendre seulement compte aux derniers instants.

Messages d'Exode 5.1 à 5.5 pour vous qui souhaitez arranger votre situation, accéder à une meilleure vie, ou alors mieux accomplir votre mission :

N'hésitez pas de regarder votre vie actuelle pour savoir si rien d'autre de plus important ne vous appelle ailleurs. Dans l'affirmative, priez humblement Dieu et, sans précipitation, attendez les signes tout en faisant, au mieux, ce que vous avez à faire et en vivant la vie que vous avez à vivre.

Dans tous les cas, cherchez à éviter ce que désapprouve Dieu Notre Père, vous aidera à voir clair pour accéder à un meilleur niveau de conscience et ses privilèges.

Enfin, il se pourrait que vous ayez l'impression que vos épreuves vous viennent de Dieu. Rassurez-vous, ce n'est pas le cas. En revanche, en priant et en faisant ce que vous devez faire, c'est-à-dire les sacrifices salutaires de ce qui vous maintient dans cette situation, il se pourrait que vous activiez là l'aide divine dont vous avez besoin pour vous en sortir en douceur, au moment opportun.

Que l'Esprit de Dieu Notre Père vous inspire davantage. Amen.

Exode 5.6 à 5.23 : Le roi d'Égypte écrase les Israélites sous le travail : Texte littéral[7]

« 5.6 Ce jour-là, le roi appelle les Égyptiens qui surveillent les Israélites et les chefs d'équipe israélites. Voici ce qu'il leur commande :

5.7 « Avant, vous donniez de la paille aux Israélites pour faire des briques ! Ne leur en donnez plus ! Maintenant, ils iront la chercher eux-mêmes ! »

(...)

5.22 Alors, Moïse se tourne vers le SEIGNEUR et dit : « SEIGNEUR, tu as fait du mal à ce peuple. Pourquoi ? Pourquoi est-ce que tu m'as envoyé ici ?

5.23 Depuis que je suis allé parler au roi d'Égypte de ta part, il fait souffrir les Israélites. Et tu ne fais rien pour libérer ton peuple ! »

Exode 5.6 à 5.23 : Décryptage & Compréhension

Le roi d'Égypte s'organise pour décourager les Israélites et les faire renoncer à leur projet. En même temps, il les fait se tourner contre Moïse. Ce faisant, il ne mesure pas qu'il est en train de les pousser à bout. Et quand une personne ordinaire est poussée à bout, elle accepte aisément toute aide qui lui est proposée. Et cela, Dieu le sait. Alors, Il n'aide pas le Pharaon à comprendre son erreur. En revanche, Il a averti Moïse en ces termes : « *moi, je fermerai son cœur, il ne pourra pas vous laisser partir* », me donnant là l'occasion de démontrer ma puissance.

Sur un plan personnel, Exode 5.6 à 5.23 vous laisse comprendre que la personne qui vous met mal à l'aise, sans tenir compte du poids de la souffrance qu'elle vous génère, peut avoir le cœur fermé pour vous pousser à réagir et d'agir. Son cœur fermé à votre souffrance peut donc être un moyen de pression pour vous aider à revoir votre situation de façon déterminée et d'accepter la solution qui murit en vous.

Passons à Exode 5.6 qui évoque notre histoire :

> « 5.6 *Ce jour-là, le roi appelle les Égyptiens qui surveillent les Israélites et les chefs d'équipe israélites. Voici ce qu'il leur commande :* »

Ainsi, à travers l'expression, placée en début de phrase, « *Ce jour-là,* » Exode 5.6 évoque l'histoire de la majorité d'entre nous, quand nous sommes déjà dans une situation difficile.

Il vient un moment, (*Ce jour-là*) où celui ou celle qui nous rend la vie dure, se prépare (*Voici ce qu'il leur commande :*) à nous la compliquer davantage.

Alors, ne soyez point surpris, si vous vous trouvez dans ce cas. Cherchez plutôt, avec l'aide divine, votre issue de secours, car elle existe.

> « 5.7 « *Avant, vous donniez de la paille aux israélites pour faire des briques ! Ne leur en donnez plus ! Maintenant, ils iront la chercher eux-mêmes !*
>
> 5.8 *Mais ils devront faire autant de briques qu'avant ! Pas moins ! Ces gens-là sont des paresseux ! C'est pour cela*

qu'ils disent : "Partons pour offrir des sacrifices à notre Dieu."

5.9 *Ecrasez-les sous le travail ! Je veux qu'ils soient très occupés et qu'ils oublient ces mensonges !*

5.10 à 5.11 *Les surveillants égyptiens et les chefs d'équipe israélites sortent du palais et ils vont dire aux Israélites : « Voici ce que le roi d'Égypte a décidé : ... (...) »*

Exode 5.7 à 5.11 évoque préalablement *le thème des mesures pénibles*, pour une partie de la population, décrétées par certains dirigeants. On dirait que Dieu a fermé leurs cœurs. Mais tel n'est pas le cas.

En fait, ils ne croient pas en Dieu ou pensent bien faire. Alors ils ne tiennent pas compte du ras-le-bol, mais s'attachent à trouver des arguments afin de justifier leurs insupportables mesures.

Si tel est votre cas, n'hésitez pas de manifester et faire valoir votre voix, aux moments des scrutins, en allant voter, non parce que les choses vont changer subitement, c'est rarement le cas. Mais pour éviter que l'absence de votre vote ne donne facilement le pouvoir de continuer dans le sens qui vous fait plus de peine, faute de n'avoir voté en faveur d'un programme qui vous chagrine moins sur un ou deux points.

Ne vous endormez donc pas par des discours, ni à cause de la peur. Autrement la situation ne peut que se dégrader.

Priez et agissez. Mieux vaut essayer de changer que de rester pétrifié.

Ensuite, Exode 5.7 à 5.11 évoque *le thème du harcèlement* que subissent certains travailleurs, et dépeint des procédés destinés à déstabiliser, afin de pousser à bout, en créant le sentiment de peur, de profonde injustice et d'insécurité. Et, avec le harcèlement, l'harceleur n'hésite pas de mentir, de déformer la vérité.

Dans ce cadre, à travers l'expression : « *Ces gens-là sont des paresseux ! C'est pour cela qu'ils disent : " Partons pour offrir des sacrifices à notre Dieu."* »

Exode 5.8 confirme que ceux et celles qui nous exploitent, se servent de nous, utilisent les mensonges pour nous maintenir dans d'insupportables situations. Ils savent bien que ce qu'ils disent à notre sujet est faux. Ils n'hésitent pourtant pas de déformer certains faits, et même certains de nos propos afin de les retourner contre nous.

Si vous vous trouviez dans ce cas, faites seulement de votre mieux et remettez-vous à Dieu Notre Père, pour accéder à l'opportunité qui vous permettra de vous en sortir, ou de vivre en prenant du recul afin d'éviter de vous morfondre.

En effet, le Pharaon sait pertinemment que les Israélites ne sont pas des paresseux. Toutefois, il veut persuader son entourage du contraire. Mais il n'arrive pas à cacher son véritable but.

Alors il dit : « *Ecrasez-les sous le travail !* » Ensuite, il avoue son but : « *Je veux qu'ils soient très occupés et qu'ils oublient ces mensonges !* » Ainsi, trouvant fausse la demande des Israélites de marcher jusqu'au désert « *pour offrir des sacrifices à Dieu* », il en tire un prétexte pour les charger lourdement afin qu'ils s'oublient dans le travail et ne plus penser à leur liberté. En fait, il veut que les Israélites se résignent à demeurer des esclaves à son service.

Oui, certains dirigeants mettent plus de charges aux gens, plus de problèmes, pour les empêcher de penser.

Dans ce sens, Exode 5.7 à 5.11 évoque une manœuvre destinée à briser notre volonté de nous relever, et à nous ôter le droit de penser à notre destin.

Si vous vous trouvez dans cette situation, ne soyez pas dupe. Tenez bon, en agissant en douceur et en priant humblement Dieu Notre Père. Car Lui seul, à ce stade, peut vous aider à vivre sans trop vous prendre la tête, et à trouver une bonne solution, au moment opportun.

Passons à Exode 5.12 :

> « 5.12 *Alors, les Israélites vont dans toute l'Égypte pour ramasser de la paille.*
>
> 5.13 *Les surveillants égyptiens sont derrière eux. Ils disent « Finissez votre travail ! Chaque jour, faites autant de briques qu'avant, quand on vous donnait de la paille ! »*

5.14 Les Égyptiens frappent même les chefs d'équipe israélites qu'ils ont nommés. Ils leur disent : « Ces derniers jours, vous n'avez pas fait autant de briques qu'avant. Pourquoi ? »

Exode 5.12 évoque les efforts que nous déployons, quand nous subissons, pour tenter de satisfaire le bourreau en espérant arranger la situation de cette façon ou, à tout le moins, alléger notre peine.

Mais est-ce qu'il suffit de travailler plus, d'en faire plus pour faire baisser la pression et satisfaire un bourreau ? Sur ce sujet, l'expérience prouve que plus on en donne, plus on en demande.

Evidemment, il ne suffit pas d'en faire davantage pour adoucir le cœur d'une personne qui harcèle, parce que sa motivation est ailleurs. C'est ce que nous confirme Exode 5.13 à 5.14 en dépeignant l'attitude des chefs égyptiens : ils deviennent de plus en plus oppressants envers les Hébreux.

Dans ce sens, Exode 5.14 évoque le cas où l'incompétence des employés à leurs postes est sciemment organisée et provoquée par leurs accusateurs eux-mêmes, dans le but de les bouleverser, les faire douter, les fragiliser et briser leur espoir pour les soumettre.

Si vous vous trouvez dans l'une des situations décrites ci-dessus, ne vous en voulez pas, ne vous culpabilisez point, ne vous en prenez pas à vos collègues et évitez de vous défouler sur les vôtres à la maison.

En revanche, prenez conscience de la situation et préparez-vous discrètement pour autre chose, afin que le moment venu, car ce moment va arriver, vous ne ratiez pas le train de votre liberté. Ce train est d'ores et déjà sur les rails.

Je vous dis cela, parce que je suis passée par là. Je m'en suis sortie parce que je suis restée connectée à Dieu Notre Père et à ses Merveilleuses Forces Bienveillantes. Alors toutes mes épreuves se sont transformées en opportunité pour moi de m'élever, en douceur.

Poursuivons par Exode 5.15 :

> « 5.15 *Alors, les chefs d'équipe israélites viennent se plaindre au roi d'Égypte : « Pourquoi est-ce que tu nous traites de cette façon ?*
>
> 5.16 *On ne nous donne plus de paille, mais on nous commande de faire des briques. De plus, on nous frappe. Ton peuple a tort ! »*
>
> 5.17 *Le roi répond : « Vous êtes des paresseux, oui, des paresseux ! C'est pourquoi vous dites : « Allons offrir des sacrifices au* SEIGNEUR. *»*
>
> 5.18 *Maintenant, allez ! Au travail ! On ne vous donnera pas de paille, mais vous devrez faire autant de briques qu'avant ! »*
>
> 5.19 *Les chefs d'équipe israélites le voient : ils sont dans une situation difficile, puisqu'on leur commande de faire autant de briques qu'avant.*

5.20 *Au moment où ils sortent de chez le roi d'Égypte, ils s'adressent vivement à Moïse et à Aaron, qui les attendent.*

5.21 *Les chefs d'équipes leur disent : « Que le SEIGNEUR voie ce que vous avez fait ! Qu'il vous condamne ! À cause de vous, le roi d'Égypte et ceux qui l'entourent nous détestent. Vous leur avez donné une arme pour nous tuer ! »*

Exode 5.15 à 5.16 évoque la réaction des employés qui, n'en pouvant plus, se plaignent auprès du responsable direct. Mais ce type de chef tire les ficelles, il déteste la contestation et encore plus d'entendre dire *qu'il a tort*. Il n'hésite donc pas de ridiculiser les plaignants en les faisant passer pour des idiots incompétents, des malhonnêtes, etc. afin de les déstabiliser. Il ne fait donc rien pour arranger la situation. Bien au contraire, c'est ce qu'expose Exode 5.17 à 5.18.

Sur un plan personnel, Exode 5.17 à 5.19 dépeint une manœuvre non seulement destinée à vous pousser à vous en vouloir, mais également à vous retourner contre votre bienfaiteur ou bienfaitrice, votre famille. Cette manœuvre brouille votre conscience et affecte votre discernement. Votre bourreau a réussi, du moins pour l'instant, à vous faire douter de vous-même et de la personne qui vous aide. Il a réussi à vous retourner contre les vôtres. À ce stade, il cherche à vous isoler afin que vous ne puissiez plus compter sur personne, et ainsi vous pousser à la résignation et vous asservir davantage.

Alors, qu'allez-vous faire ? La réponse immédiate est livrée dans Exode 5.20 à 5.21.

En fait, non seulement vous risquez de vous en vouloir, mais aussi, vous risquez d'aller trouver la personne qui vous aide. Et, sans ménagement, vous risquez de passer votre frustrante colère sur elle, ou la bouder. Parce que vous vous dites que sans son intervention, votre situation certes déplorable, n'aurait pas empiré.

Alors, reprenez-vous ! Et retenez surtout que cette personne est votre alliée. Sa mission est de vous aider. Au fond d'elle une Force l'anime, la poussant à vous aider. Cependant, les conditions oppressantes, dans lesquelles vous êtes plongé, masquent ses actes de bienveillance et ses bonnes intentions envers vous.

À ce stade, quelle va être l'attitude de cette personne qui vous porte secours, prend votre défense. Après votre décourageante réaction à son égard, va-t-elle jeter l'éponge ?

La réponse immédiate est livrée dans Exode 5.22 à 5.23.

> « 5.22 *Alors, Moïse se tourne vers le SEIGNEUR et dit : « SEIGNEUR, tu as fait du mal à ce peuple. Pourquoi ? Pourquoi est-ce que tu m'as envoyé ici ?*
>
> 5.23 *Depuis que je suis allé parler au roi d'Égypte de ta part, il fait souffrir les Israélites. Et tu ne fais rien pour libérer ton peuple ! »*

Dans ce cadre, Exode 5.22 à 5.23 évoque l'attitude de la personne qui vous aide. Malgré la manière dont vous rejetez toute la responsabilité de l'aggravation de votre pénible situation sur elle, elle ne vous laisse pas tomber. Votre réaction la surprend, la perturbe, la choque. À la souffrance de vous voir souffrir, vous avez ajouté celle de la rendre responsable et de la rejeter. C'est cruel.

En fait, sans vous en rendre compte, vous la manipulez pour faire sortir le meilleur d'elle-même, parce que vous savez qu'elle ne peut pas vous abandonner, même si cette idée lui vient dans l'esprit par moment. En fait, si cette personne ne sait pas prendre du recul, elle risque de souffrir plus que vous et passer des nuits entières sans trouver le sommeil.

Quoi qu'il en soit, une telle personne essaye de remuer ciel et terre pour vous. En effet, vous souvenez-vous qu'à ce stade-là les chefs d'équipes israélites en veulent beaucoup à Moïse pour l'aggravation de leur situation ? Ils ne croient plus en lui.

Mais comme les Israélites, Moïse non plus ne comprend pas pourquoi la situation, au lieu de s'arranger, empire. Il se culpabilise d'avoir accepté d'intervenir pour un résultat si affligeant.

Alors frustré, Moïse se tourne vers Dieu pour se plaindre de son silence face à la souffrance des Hébreux. Car il sait que si Dieu ne laisse pas faire, ils n'auraient pas à souffrir autant, et c'est la vérité.

Ainsi, il arrive un moment où, malgré vos bons efforts et vos prières, vous ne voyez aucune amélioration, bien au contraire, tout s'écroule. Alors, vous vous culpabilisez. Vous vous dites : *« Si je n'avais pas fait ceci…, si je n'avais rien dit, je n'en serais pas là maintenant »*.

Ne soyez pas dupe et, surtout, ne regrettez pas une action bienveillante. Parce que vous êtes ici pour agir, vous avez bien fait d'agir. Alors tenez bon, en suivant les bons conseils, ou la bonne inspiration qui vous murmure dans le cœur.

Souvenez-vous donc qu'il y a un temps pour tout. Il y a donc aussi un temps pour la déception, la souffrance, mais ce temps-là n'est pas éternel, vous en sortirez vainqueur, surtout si vous restez connecté à Dieu Notre Père et à ses Merveilleuses Forces Bienveillantes.

En effet, Exode 5.21 à 5.23 nous laisse comprendre que Moïse et les Israélites n'ont pas compris l'avertissement de Dieu : Il leur a clairement indiqué que le roi d'Égypte n'allait pas les laisser partir facilement. Et qu'ainsi, Il aura l'opportunité d'user de son pouvoir pour le forcer, afin de démontrer sa puissance aux yeux de tout le monde.

C'est donc tout à fait prévisible que votre situation se complique à un moment donné. Ne jetez donc pas d'éponge au premier défi. Ne paniquez pas au second défi ni aux suivants. Agissez seulement au mieux et persévérez tant par la prière que par l'action dans le bon sens. Alors, vous serez aidé et votre triomphe aura la saveur de la gloire des héros.

Dans ce sens, c'est la réponse dépeinte dans EXODE 6, et c'est ce que j'ai la grâce d'expérimenter dans ma vie.

Messages d'Exode 5.6 à 5.23 :

Il se pourrait que vous soyez affligé injustement ou que vous rencontriez des problèmes de harcèlement, de déstabilisation insidieuse ou un manque de reconnaissance de vos efforts.

Dans l'affirmative, n'hésitez pas de chercher un véritable soutien et, ensemble, agir avec délicatesse pour vous en sortir en souplesse. Dans le cas contraire, il se pourrait qu'il vous soit demandé d'être souple pour éviter de briser ou d'accabler injustement quelqu'un, ou d'aggraver votre situation.

Il se pourrait que vous ayez à bien tenir compte de la sensation et de l'avis de la personne que vous aidez, pour éviter de devenir oppressant à ses yeux et vous voir rejeté.

Quoi qu'il en soit, n'hésitez pas de prier humblement Dieu Notre Père pour vous guider et vous aider, parce que son aide est toujours indispensable notamment à certains stades de la situation.

Que l'Esprit de Dieu Notre Père Bien-Aimé vous inspire davantage.

Pour cela, vous avez à faire votre possible pour éviter ce qu'Il désapprouve, et ainsi Lui donner envie d'être davantage avec vous. Car vous le savez ! Le Père fait confiance et comble davantage l'enfant qui lui fait plaisir. Et c'est tout à fait normal.

EXODE 6

Exode 6.1 à 6.13 : Dieu promet à Moïse de libérer Israël : Texte littéral[7], avec décryptage & compréhension

« 6.1 *Le SEIGNEUR répond à Moïse : « Eh bien, maintenant, tu vas voir ce que je vais faire au roi d'Égypte. Ma main puissante l'obligera à laisser partir les Israélites. À cause de ma main puissante, il va même les chasser de son pays. »*

(...)

6.13 *Alors, le SEIGNEUR commande à Moïse et à Aaron : « Allez ensemble trouver les Israélites et le Pharaon, roi d'Égypte, pour que les Israélites puissent sortir de ce pays. »*

Exode 6.1 à 6.13: Décryptage & Compréhension

Dans ce chapitre, la question qui peut se poser, d'emblée, est la suivante :

Est-ce la première fois que Dieu promet à Moïse de libérer Israël ?

La réponse immédiate est non. Aussi, à travers l'expression *Dieu promet* une énième fois, nous avons à comprendre que la promesse divine est quelque chose qui peut prendre du temps avant de se concrétiser. Alors, entre temps, Dieu rappelle, en notre cœur, sa promesse pour nous assurer qu'Il ne nous oublie pas.

EXODE 6 ne présente donc pas une révélation de la promesse

de Dieu à Israël. Il présente une reprise d'arguments, déjà avancés maintes fois, dans le but de rassurer Moïse et le peuple alarmés.

6.1 ... « *Eh bien, maintenant, tu vas voir ce que je vais faire ... Ma main puissante l'obligera à laisser partir... À cause de ma main puissante, il va même...* »

Pour la compréhension d'Exode 6.1 :

- Moïse représente votre guide, votre soutien, mais aussi vous-même ;
- Le roi d'Égypte représente la porte blindée de la tour, la mieux gardée ;
- La main puissante qui oblige : est représentée par les manifestations et signes qui secouent ;
- Quant aux Israélites, ils vous représentent au cœur de votre épreuve.

Ainsi, par des termes précis, Exode 6.1 nous confirme que, quand vient le temps de la délivrance, même la porte blindée de la tour, la mieux gardée, cède. C'est la puissance divine qui intervient pour nous aider à poursuivre notre chemin, ou à concrétiser notre projet.

Alors, tout se met à l'œuvre pour nous. La preuve en est que nous aussi en sommes fortement secoués au point de vouloir y renoncer. C'est comme la douleur de l'enfantement. On a envie qu'elle s'arrête immédiatement. Or, si elle s'arrêtait subitement avant, cela ne présagerait rien de bon. Alors..., poussez, agissez et tenez bon.

Passons à Exode 6.2 à 6.3 qui présente une merveilleuse scène où Dieu continue de rassurer Moïse. A travers cette scène, Dieu rassure chacun et chacune de nous :

> *« 6.2 Dieu parle encore à Moïse : « Le SEIGNEUR, c'est moi. »*

Sur un plan personnel, pour vous qui avez la Foi en Dieu, rassurez-vous d'entendre ou de lire ce passage : *« Le SEIGNEUR, c'est moi. »* Car c'est pour vous dire que tout dépend plus de Dieu que des autres. Le Pouvoir est donc entre ses saintes mains et, quand Il le décidera, Il fera ce qu'il faut. Et en faisant ce qu'il faut, Il n'oubliera pas celles et ceux qui l'aiment, le craignent, l'adorent, le respectent.

La difficulté est que, souvent, nous nous servons de Dieu sans véritablement l'aimer, ni le craindre, ni l'adorer, ni le respecter.

Or, personnellement, j'ai constaté qu'en l'aimant, en le respectant, en l'adorant et en le craignant, c'est-à-dire en faisant de mon mieux parce que je crains de le décevoir, Dieu est davantage avec moi.

En profondeur, dans Exode 6.2, l'expression : *« Dieu parle encore à Moïse : "Le SEIGNEUR, c'est moi." »* peut évoquer la manifestation de votre indétrônable mission qui, une fois accomplie, est quelque chose qui vous relève, non seulement vous, mais aussi d'autres personnes.

Mais avant cela, cette mission ne cesse de vous faire des signes, de vous attirer à elle par des manifestations de plus en plus prenantes, vous poussant à agir afin de passer du stade de projet à sa réalisation.

Rappelez-vous que vous avez une mission à accomplir. Et faites de votre mieux pour l'accomplir. Alors vous donnerez à votre vie tout son sens, votre raison d'être venu dans ce monde.

Revenons à la merveilleuse scène annoncée :

> « 6.3 *Autrefois, je me suis montré à Abraham, à Isaac et à Jacob comme le Dieu tout-puissant. Mais je ne leur avais pas fait connaître mon nom "Le SEIGNEUR".* »

En d'autres termes, Exode 6.3 sous-entend que d'autres ont eu l'extrême privilège de communiquer avec le SEIGNEUR. Il vous parle de ceux qui sont devenus des légendes.

> « *Mais je ne leur avais pas fait connaître mon nom "Le SEIGNEUR."* »

Nous savons pourtant que depuis Seth (troisième fils d'Adam et Ève), les gens avaient commencé à prier Dieu en l'appelant SEIGNEUR. (Genèse 4.26). Abraham priait Dieu en l'appelant SEIGNEUR. (Genèse : 12.8 ; 13.4 ; 21.33).

Dans Genèse 15.7, Dieu se présente à Abraham en ces termes : « *C'est moi le SEIGNEUR qui t'ai fait sortir d'Our en Babylonie* ».

Alors, qu'avons-nous à comprendre par l'affirmation : « *Mais je ne leur avais pas fait connaître mon nom "Le SEIGNEUR." »* ?

« *Le SEIGNEUR* », ici, désigne votre mission, dans son étendue. Dieu l'a fait rarement connaître aux autres qu'à vous-même.

En général, même s'Il en donne des indices, Dieu ne fait pas connaître aux uns l'étendue des missions confiées aux autres. Il n'a donc fait connaître ni à Abraham, ni à Isaac, ni à Jacob, la mission de Moïse, sa destinée (délivrer le peuple d'Israël de l'Égypte et en faire un peuple de Dieu), ni la mission des Israélites (être un domaine particulier de Dieu pour le servir notamment comme peuple de prêcheurs).

Il avait promis le Messie aux Israélites, mais il ne leur avait pas fait connaître l'étendu de la Mission confié à Jésus Christ le Messie promis et envoyé.

Il n'a parlé de tout cela à personne parce qu'il s'agit d'une communication intime. Le type de communication uniquement lieu entre deux êtres concernés au premier plan.

Sur un plan personnel, Exode 6.3 peut sous-entendre que vous avez une mission qui mijote dans votre *cœur*, une sorte d'alliance avec Dieu. Les autres ne comprendront que par votre acceptation matérialisée par votre concret engagement.

Poursuivons justement avec Exode 6.4 qui parle d'alliance :

> « 6.4 *J'ai fait alliance avec eux. J'ai promis de leur donner le pays de Canaan, où ils habitaient comme étrangers.*
>
> 6.5 *Maintenant, j'entends les plaintes des Israélites, qui*

sont esclaves des Égyptiens. Et je me souviens de mon alliance avec eux.

6.6 *C'est pourquoi, va dire aux Israélites de ma part : " Le SEIGNEUR, c'est moi. Je vais vous arracher aux travaux forcés. Je vais vous libérer de l'esclavage que les Égyptiens font peser sur vous. Grâce à ma puissance et à mon autorité, je vous libérerai. »*

Aussi, pour en venir à Exode 6.4, en vérité, avant même de venir au monde, Dieu fait alliance avec chacun et chacune de nous. Et une alliance contient une contrepartie pour chaque partie.

Vous êtes donc en vie pour faire quelque chose de précis. La contrepartie de la réalisation de votre mission est la promesse faite, par Dieu Notre Père, de vous donner ce qui vous manque réellement.

Abraham avait tout, ses descendants également, mais ils n'avaient pas de pays. Voilà ce qui leur manquait réellement.

A mon avis, il nous manque des terrains pilotes[8] par lesquels Dieu peut intervenir davantage pour façonner un monde qui le satisfait et nous aussi. Et personnellement, j'ai besoin de temps et de moyens pour réaliser toute ma mission.

Et vous, que manquez-vous réellement et qui pourrait manquer à votre descendance, aux vôtres... ? Parce qu'il

---

8 Terrains pilotes : personnes éveillées rayonnantes, bienveillantes et puissantes, qui tirent les autres vers le haut, dans le bon sens.

peut s'agir non seulement de vous, mais surtout des vôtres, ou alors de ceux et celles qui vous tiennent à cœur.

Quant à Dieu, Il n'oublie pas l'alliance faite avec vous, ni avec chacun et chacune des vôtres. Il voit votre situation et Il est disposé à vous aider à travers votre attitude et vos actions auxquelles Il peut donner un coup d'élan.

C'est ce que nous laisse comprendre Exode 6.5 à 6.6, qui confirme que Dieu entend vos prières, Il voit vos souffrances et vos frustrations. Vous êtes esclave *des Égyptiens*, c'est-à-dire vous êtes privé d'être bien dans votre conscience, de faire ce que vous devez faire, de mener la vie qui vous est réellement destinée.

C'est pourquoi Il vient vous libérer, grâce à son autorité. Une autorité qui va certainement vous secouer. Et vous risquez de paniquer si vous ne comprenez pas que c'est surtout pour vous aider.

Considérez donc votre épreuve comme une traversée du désert. Quelque chose de très difficile certes, mais qui vous conduit vers la liberté, vers la réalisation de votre souhait de cœur. En fait, Dieu Notre Père se sert de votre situation pour vous rendre libre et meilleur.

> « [6.7] *Je vous prendrai comme mon peuple à moi et je serai votre Dieu. Vous saurez ceci : Le SEIGNEUR votre Dieu, c'est moi, celui qui vous arrache aux travaux forcés de l'Égypte.* »

« *Je vous prendrai comme mon peuple à moi et je serai votre Dieu.* »

Aussi, Exode 6.7 sous-entend que c'est une autre vie qui vous attend, donc une autre façon d'être et de faire. Sans pour autant exclure des obstacles à contourner, des défis à relever, cette fois en toute liberté et non sous une malveillante ou déroutante contrainte. Cette vie-là est meilleure que celle que vous connaissez. En contrepartie d'un tel privilège, vous avez à devenir un sujet de fierté, d'où l'expression « *mon peuple* ***à moi*** ».

Ensuite, à travers la déclaration : « *Vous saurez ceci : Le* SEIGNEUR *votre Dieu, c'est moi, celui qui vous arrache aux travaux forcés de l'Égypte.* », Exode 6.7 nous confirme que Dieu sait que les êtres humains oublient vite. Ils oublient facilement ce qu'ils ont tant désiré et obtenu après, pour s'en détourner, n'y faisant plus attention du tout.

Alors, Exode 6.7 souligne de ne pas oublier votre souhait exaucé, le chemin parcouru pour vous en sortir, l'aide divine sans laquelle tout cela ne serait pas possible. Ainsi vous éviterez de recommencer à zéro, et avancerez harmonieusement sous le regard attendri de Dieu.

« *".... Le* SEIGNEUR*, c'est moi."* »

Aussi, à travers l'affirmation volontairement répétée successivement dans Exode 6.6, 6.7 et 6.8 : « *Le* SEIGNEUR*, c'est moi* », c'est-à-dire Celui qui est au-dessus de tout, de tous et de toutes, Dieu Notre Père nous motive à ne pas oublier notre place auprès de Lui, à ne pas oublier tant notre rôle en Lui, et par Lui, de même que son rôle pour et par chacun et chacune de nous. Cela revient *notamment* à comprendre qui nous sommes pour Dieu et qui nous pouvons devenir par son aide.

L'expression ainsi formulée à plusieurs reprises : « *Le SEIGNEUR, c'est moi* », est plus qu'une simple affirmation. C'est une puissante déclaration d'Amour que Dieu nous fait. Exactement comme une mère dirait à son enfant, n'ayant plus d'autres mots pour toucher le cœur de son enfant : « *ta mère..., c'est moi.* ». Ou comme un mari répéterait à sa femme, avec une douceur infinie : « *ton mari..., c'est moi.* », ou encore une femme qui rappellerait à son époux, avec une tendresse délicate : « *ta femme..., c'est moi.* »

C'est une façon de rappeler à l'autre de ne pas oublier qui nous sommes pour lui et par lui. Et, bien sûr, qui il est pour nous et par nous. En d'autres termes, sans votre mari, vous ne seriez pas la femme que vous êtes et lui, non plus, ne serait pas l'homme qu'il est sans vous.

« *Le SEIGNEUR, c'est moi.* » : l'ambiance et le contexte dans lesquels cette déclaration est faite, dans Exode 6.6 à 6.8, est très bouleversante.

Personnellement, en étudiant ce passage, des larmes inondent mes yeux. Je ressens à quel point cette déclaration est magique et puissante, me donnant envie de méditer encore et encore sur ces merveilleuses Paroles. Paroles qui me rassurent que je ne suis pas seule. Mais avec Celui qui était, qui est et qui, toujours, sera au-dessus de tout. C'est magique !

En effet, dans Exode 6.6 à 6.8, l'affirmation « *Le SEIGNEUR, c'est moi.* », reprise dans chaque verset, est une façon, pour Dieu Notre Père, de nous rappeler de ne pas oublier qui nous sommes pour Lui, et qui Il est pour nous. Mais est-ce le cas ? Combien de personnes mesurent véritablement qui Il est pour nous et qui nous sommes pour Lui ?

J'avoue que chaque fois, oui chaque fois que je reviens sur ce passage, je suis envahie d'émotions, les larmes aux yeux, me rappelant que beaucoup d'entre nous n'hésitent pas d'affirmer s'appartenir à eux-mêmes, d'êtres des créatures du hasard... D'autres, tout en se souvenant qui Dieu est pour et par eux et eux pour et par Dieu, n'arrivent pas à stabiliser leur place en Lui.

Ô SEIGNEUR Souverain des univers ! Dieu Notre Père Adoré ! Tu es Merveilleux ! C'est toi le Tout-Puissant et c'est très bien ainsi. Amen ! Amen !

Humblement, je t'en supplie ! S'il te plaît Père !

Aide-moi, à toujours me souvenir de ton Amour pour moi !

Aide-nous, à nous souvenir toujours de ton Amour pour nous !

Car sans toi, oui sans ton aide, très peu d'entre-nous s'en

souviennent. Mais avec ton aide, beaucoup d'entre nous s'en souviennent et font de leur mieux pour te respecter. Amen.

Mais comment faire pour s'en rappeler ? Me demanderiez-vous qui aimez Dieu et ne savez pas vraiment comment exprimer cet Amour tout en vivant votre vie.

Mes frères et sœurs en Dieu Notre Père, la réponse est simple : ne vous prenez pas la tête. Suivez votre cœur, car l'amour est une histoire de cœur. Vivez donc en agissant en votre âme et conscience, en suivant les bons conseils, en tenant compte des signes, et en essayant de ne point être avare de petites attentions au quotidien. Pour le reste, vivez, vivez en faisant de votre mieux pour éviter ce que désapprouve Dieu Notre Père. Car Il veut vous voir contribuer harmonieusement à son Projet.

La réalité est que pour contribuer harmonieusement, nous devons nous adapter. Or très souvent, nous ne savons pas nous adapter. En fait, nous cassons en croyant que là est l'adaptation, alors qu'il n'en est rien. S'adapter c'est se moduler soi-même et laisser aux responsables intègres le soin de moduler certaines règles sans toucher ni à la Loi, ni aux Codes piliers et majeurs.

Messages d'Exode 6.6 à 6.8 : il se pourrait que vous ayez, comme véritable besoin, de stabiliser votre place de saint enfant de Dieu et d'agir en ce sens afin de savoir qui vous êtes, ou devenir qui vous devez être : un être esprit dans un corps physique, conscient de qui il n'a pas à être, accomplissant ce qu'il doit accomplir et vivant sa vie.

Reprenons le fil par Exode 6.8 :

« 6.8 *J'ai juré de donner un pays à Abraham, Isaac et Jacob. Eh bien, je vous ferai enter dans ce pays-là, et il sera à vous. Le SEIGNEUR, c'est moi."* »

Pour la compréhension, la question qu'Exode 6.8 peut soulever, dans notre conscience[9], est la suivante :

Pourquoi, Dieu a-t-il promis de leur donner un pays déjà occupé par d'autres de ses créatures ? La réponse immédiate se trouve notamment dans le Décryptage & Compréhension de Genèse 15.16 et aussi dans celui d'Exode 23.23 à 23.25 et 23.32.

Pour le principal, Exode 6.8 présente Dieu qui rassure encore Moïse pour la réalité de son soutien.

Sur le plan personnel, pour vous rassurer dans votre situation actuelle, Exode 6.8 sous-entend que la promesse de Dieu de vous aider ne date pas d'aujourd'hui. Et cette promesse sera vraiment à vous, parce que Dieu peut tout. Mais le croyez-vous ? La réponse est donnée dans Exode 6.9.

« 6.9 *Moïse va redire ces paroles aux Israélites, mais ils*

---

[9] Questions soulevées, suscitées, posées, dans la conscience : questions qu'on n'ose pas se poser, mais qui se posent en nous-mêmes, que nous en soyons conscients ou pas. Humble désir : souhaiter sans forcer.

ne l'écoutent pas. En effet, ils sont découragés par leur dur esclavage. »

Dans ce sens, Exode 6.9 évoque le moment où vous êtes saisi par le découragement total, habité par la perte d'espoir et poussé à la résignation. À ce stade vous croyez impossible la solution à votre situation. Alors vous n'écoutez plus l'espoir qui frappe à la porte de votre cœur, et vous fermez les yeux pour éviter d'espérer en vain, croyez-vous.

Reprenez-vous, car si ce qui vous est arrivé est possible, alors il est tout aussi possible que cela finisse ou qu'une issue favorable vous soit présentée. C'est pourquoi vous avez à tenir bon, jusqu'à ce que cela finisse, ou jusqu'à ce que votre cœur retrouve son équilibre, en acceptant les choses telles qu'elles sont, lorsqu'on n'a pas à faire autrement.

C'est alors qu'un pont, comme par miracle, pourra s'étendre devant vous, vous permettant de passer à autre chose, pour ressentir, comprendre et vivre autrement, la conscience allégée, le cœur libéré.

« 6.10 Le SEIGNEUR dit encore à Moïse :

6.11 "Va parler au Pharaon, roi d'Égypte. Demande-lui de laisser partir les Israélites de son pays." »

Dans ce sens, Exode 6.10 à 6.11 peut évoquer la divine sommation faite à votre adversaire de stopper sa pression envers vous, de vous rendre votre dignité, de vous libérer de son emprise. Ce passage s'adresse donc nécessairement à celui ou celle qui agit contre votre destin. Étonnamment, il peut aussi s'agir de vous-même.

Ainsi, à travers les termes « *Va parler ... Demande lui de ...* », Exode 6.11 sous-entend que vous avez à agir effectivement pour concrétiser votre souhait. Et la Providence se chargera de ce qui ne relève pas de votre pouvoir. En effet, ce n'est pas à Dieu de parler ni de demander à votre place : c'est à vous-même ou l'un ou l'une des vôtres.

Mais le comprenez-vous de cette façon ? La réponse est donnée par la réplique de Moïse dans Exode 6.12.

> « [6.12] *Mais Moïse répond au SEIGNEUR : "Même les Israélites ne m'ont pas écouté. Alors, comment le roi d'Égypte pourrait-il m'écouter, moi qui parle si difficilement ?"* »

Ainsi, pour la compréhension d'Exode 6.12, Moïse peut vous représenter. Vous vous dites : « *Même les miens ne m'écoutent pas, ne me comprennent pas, ou ne me soutiennent pas.* » Alors, vous vous sentez seul. Vos complexes et vos doutes reprennent le dessus et l'envie de continuer vous abandonne ou la tristesse vous envahit. Qu'en est-il de Dieu Notre Père ? Vous abandonne-t-Il ? La réponse immédiate est livrée dans Exode 6.13.

> « [6.13] *Alors, le SEIGNEUR commande à Moïse et à Aaron : " Allez ensemble trouver les Israélites et le Pharaon, roi d'Égypte, pour que les Israélites puissent sortir de ce pays."* »

Le SEIGNEUR ne vous abandonne pas, malgré votre incrédulité et votre inquiétante résignation. Alors, par une Force Bienveillante, Dieu vous réarme en courage, en augmentant votre espoir. Mais ce n'est pas tout, car à travers d'autres manifestations, Il agit en vous et autour de vous pour déclencher la réalisation de votre souhait, ou la poursuite de votre route, étape par étape.

Redressez-vous donc et tenez bon ! Car vous n'êtes pas seul, même si la situation semble vous échapper. Faites seulement ce que vous devez, comme et quand vous devez le faire. Pour le reste, soyez en paix, vivez l'instant tel qu'il se présente. Il est à vous et pour vous, avec toutes ses couleurs, dont certaines ne manqueront pas de moins vous intéresser ou de vous contrarier, tandis que d'autres vous émerveilleront dès l'instant où vous oserez leur accorder de l'importance.

À cet instant-là, vous vous ressentirez vivre avec une grâce particulière, placée au-dessus des contrariétés de la vie.

Dans cette phase-là, vous rayonnerez, et d'autres pourront prendre appui sur vous, mais vous ne vous en rendrez même pas compte ! Quant aux sceptiques, ils ne manqueront pas de s'adonner à des commentaires pour alimenter leur scepticisme, mais vous serez déjà au-dessus de tout cela, toujours sans vous en rendre compte. Car votre contact avec Dieu vous maintiendra au-delà de tout cela, l'air de rien.

Messages d'Exode 6.1 à 6.13 : si, en ouvrant la Bible ou cet ouvrage, vous tombiez sur Exode 6.1 à 6.13, il se pourrait qu'une promesse, pour vous ou par vous, soit en attente d'être accomplie. Alors si vous avez quelque chose à concrétiser, même si tout semble impossible, faites seulement ce que vous pouvez, en votre âme et conscience, assurez-vous que c'est dans le bon sens. Pour la suite, confiez-vous à Dieu Notre Père, laissez-le accomplir sa part dans votre action, dans votre épreuve, au moment opportun.

Pour le reste, maintenez votre contact en Lui, car c'est ce contact qui vous renforce et vous permet d'être vous-même, au-delà de vos préoccupations, agissant et vivant votre vie, la conscience parfois dans les nuages de la paix intérieure, et les pieds bien sur terre, prêt à surmonter vos problèmes et/ou à contourner les obstacles sur votre chemin, même lorsque vous n'y croyez plus.

Exode 6.14 à 6.25 : Les familles des clans de Ruben, Siméon et Lévi : Texte littéral[7]

« 6.14 Voici les chefs de famille des ancêtres des Israélites : Hanok, Pallou, Hesron et Karmi. Ce sont les fils de Ruben, le premier fils de Jacob. Ils sont les ancêtres des clans de Ruben.

6.15 Yemouel, Yamin, Ohad, Yakin, Sohar et Chaoul, qui est de mère cananéenne. Ce sont les fils de Siméon. Ils sont les ancêtres des clans de Siméon.

6.16 Voici les noms de ceux qui font partie de la famille de Lévi, selon l'ordre des générations : Lévi a eu trois fils, Guerchon, Quéhath et Merari. Il a vécu 137 ans.

6.17 Guerchon a eu deux fils : Libni et Chiméi. Chacun est l'ancêtre de son clan.

6.18 Quéhath a eu quatre fils : Amram, Issar, Hébron et Ouziel. Quéhath a vécu 133 ans.

6.19 Merari a eu deux fils : Mali et Mouchi. Voilà les ancêtres des clans de Lévi, selon l'ordre des générations.

6.20 Amram s'est marié avec sa tante Yokébed. Elle lui a donné deux fils : Aaron et Moïse. Amram a vécu 137 ans.

6.21 Issar a eu trois fils : Coré, Néfeg et Zikri.

6.22 Ouziel a eu trois fils : Michaël, Élissafan et Sitri.

6.23 *Aaron s'est marié avec Élichéba, la fille d'Amminadab, la sœur de Nachon. Elle lui a donné quatre fils : Nadab, Abihou, Élazar et Itamar.*

6.24 *Coré a eu trois fils : Assir, Elcana et Abiassaf. Ils sont les ancêtres des clans de Coré.*

6.25 *Élazar, le fils d'Aaron, s'est marié avec une fille de Poutiel. Elle lui a donné un fils, Pinhas. Voilà les chefs de famille dans les clans nés de Lévi.* »

Exode 6.14 à 6.25 : Décryptage & Compréhension

Exode 6.14 à 6.25 commence d'emblée par la présentation suivante : *« Voici les chefs de famille des ancêtres des Israélites : ... »*. Cette présentation se limite aux clans des trois premiers fils de Jacob, dans leur ordre de naissance, comme annoncé dans le titre. Pourtant, Jacob, également connu sous le nom d'Israël, a eu 12 fils : ils ont formé les 12 tribus du peuple d'Israël.

La question immédiate, que soulève notre conscience, est la suivante : est-ce un oubli ou une exclusion des 9 autres chefs des clans d'Israël ?

La réponse immédiate est : évidemment, non ! Le choix des trois premiers clans peut, d'emblée, évoquer le chiffre 3 de la Trinité, ou le trio des Archanges majeurs : Michel, Gabriel et Raphaël, ou encore le triptyque : Abraham, Isaac et Jacob.

Cette énumération a surtout pour but de faire ressortir la

généalogie de Moïse et celle d'Aaron dont les descendants, comme lui, vont devenir prêtres de génération en génération. Quant au message livré par cette énumération limitée, nous pouvons aussi comprendre qu'il est inutile de désigner tout le monde à la fois. Et, surtout, le fait que les uns soient cités ne veut aucunement signifier que les autres sont exclus.

Aussi, par cette numération ciblée autour des trois premiers chefs des clans d'Israël, alors qu'ils sont 12 au total, Exode 6.14 à 6.25, jette un clin d'œil à la déclaration suivante : « *Israël mon peuple* », pour nous rassurer que, même si les autres peuples ne sont pas ainsi appelés, ils sont aussi les peuples de Dieu Notre Père.

Cette déclaration me rappelle mon père qui disait : « *Koundè*[10] *ma fille* » sans laisser croire une seule fois que mes frères et sœurs n'étaient pas siens, ni même qu'il m'aimait plus qu'il ne les aimait. Mais tout simplement pour sous-entendre que, par moi, il pouvait tenir son rôle de père sous un angle inhabituel pour lui.

Mais reprenons le fil avec Exode 6.26 qui, d'ailleurs, va dans le même sens. En effet, parmi tous les peuples, c'est Israël que Dieu a désigné « *mon peuple* ». Et, parmi tous les Israélites, c'est à Moïse et Aaron que Dieu a confié la mission de libérer les Israélites de l'Égypte.

---

[10] Koundè veut dire Indépendant, Libre, Autonome : c'est nom par lequel mes parents m'appelaient. Tous les gens de mon village me connaissent sous cette appellation-là.

« 6.26 C'est à Aaron et à Moïse que le SEIGNEUR a dit : « Faites sortir d'Égypte les Israélites, en bon ordre. »

6.27 Moïse et Aaron vont donc parler au Pharaon, le roi d'Égypte, pour qu'il laisse sortir les Israélites de son pays. »

Moïse et Aaron sont issus du clan de Lévi, troisième fils de Jacob. C'est à eux deux que Dieu confie la mission de libérer les Israélites ***en bon ordre***, et à personne d'autre.

Exode 6.26 sous-entend que Dieu Notre Père choisit précisément chacun et chacune de nous parmi tant d'autres personnes, pas forcément moins méritantes, mais pour des raisons que Lui seul connaît, en profondeur.

La question, que peut soulever *le bon ordre,* est la suivante :

Est-ce que ce qui, celle ou celui qui est placé en tête de liste du bon ordre est seul important ? La réponse immédiate est : évidemment, non ! Si tel était le cas, Jacob n'aurait pas béni ses 12 fils au même degré, chacun uniquement selon son talent.

En effet, sans les autres la personne en tête de liste n'est rien. La tête, sans les autres membres du corps, ne sert pas à grand-chose. Pour le reste, une partie de réponse argumentée se trouve dans le Décryptage & Compréhension d'Exode 2.7 à 2.8.

Pour le principal, à travers l'expression « *en bon ordre* »[11], Exode 6.26 peut évoquer le sérieux de *faire une liste,* selon un ordre précis et juste. Ici, il est question de la liste des trois premiers chefs des clans israélites, par ordre de naissance de leurs ancêtres.

Pour vous, par exemple, il peut s'agir de la liste, en bon ordre, des différentes tâches indispensables à l'accomplissement de votre œuvre, ou à la réalisation de votre souhait. Cette liste, en bon ordre, vous permet de savoir par où débuter, et par où enchaîner.

Enfin, ce n'est pas un hasard, qu'au milieu de la promesse de Dieu Notre Père, EXODE aborde la généalogie des trois premiers fils de Jacob.

A travers cette généalogie, il nous est rappelé que nous avons des racines à préserver, afin de préserver notre Histoire.

Messages d'Exode 6.14 à 6.27 pour vous qui cherchez ou qui êtes submergés : il se pourrait que vous ayez besoin de mettre *le bon ordre* notamment dans votre vie familiale.

Le but étant de vivre harmonieusement et de s'élever en douceur, n'hésitez pas de revoir vos priorités pour savoir si elles sont placées de façon à vous permettre d'avoir du temps

[11] « *en bon ordre* », voir également le Décryptage & Compréhension d'Exode 12.51 et 13.18.

pour vous et les vôtres.

N'ayez pas honte à défendre votre culture, vos racines, mais aussi votre religion. Ainsi vous ferez efficacement ce que vous avez à faire et/ou deviendrez celle ou celui que vous devez être : une personne usant de son temps de présence dans ce monde pour s'élever spirituellement. C'est pour cela que vous êtes ici. Votre progression spirituelle vous rapproche davantage de Dieu Notre Père et des privilèges réservés aux personnes effectivement proches de Lui.

Exode 6.28 à 6.30 : Dieu promet de nouveau à Moïse de libérer son peuple :

Texte littéral[7]

« 6.28 Le jour où le SEIGNEUR parle à Moïse en Égypte,

6.29 Il lui dit : « Le SEIGNEUR, c'est moi. Va répéter toutes mes paroles au Pharaon, roi d'Égypte. »

6.30 Mais Moïse répond : " Je parle très difficilement. Le roi d'Égypte ne m'écoutera jamais !" »

Exode 6.28 à 6.30 : Décryptage & Compréhension.

Exode 6.28 commence d'emblée par « *Le jour où le SEIGNEUR parle à Moïse en Égypte,* ». Cette introduction peut soulever la question suivante :

Est-ce la première fois que le SEIGNEUR parle à Moïse en Égypte ?

La réponse immédiate est non. Exode 6.1 à 6.13 laisse comprendre que Dieu avait déjà parlé à Moïse en Égypte.

Dans ces conditions quel message veut nous livrer Exode 6.28 ?

La réponse principale est contenue dans Exode 6.29 par les mots : « *Va répéter.* »

Ainsi, « *Le jour où le SEIGNEUR parle à Moïse en Égypte,* » fait partie des jours cruciaux, non parce que c'est la première fois qu'Il parle à Moïse en Égypte, mais parce que ce jour-là "*il lui dit : « Le SEIGNEUR, c'est moi. Va répéter toutes mes paroles au Pharaon, roi d'Égypte. »*" De plus, ce jour-là, **Il**

promet de nouveau à Moïse de libérer son peuple. En d'autres termes, Dieu aussi se répète.

EXODE consacre un chapitre de trois versets, non les plus longs, pour aborder *le thème de la répétition* et nous indiquer que, dans certains cas, le fait de *répéter* ce que nous avons à réaliser, ou à dire, est important et incontournable.

Le SEIGNEUR, Lui-même, nous en donne l'exemple. En effet malgré son divin Pouvoir, Il ne passe pas outre, Il ne laisse pas tomber. Il ne se précipite pas à l'action suivante, non ! Il répète encore et encore. Ensuite, Il demande à Moïse d'aller, lui aussi, répéter. C'est-à-dire repartir auprès du Pharaon répéter le message textuel déjà livré.

Ne soyez donc pas surpris d'avoir à répéter ce que vous avez à faire, à dire. Il se pourrait même que vous ayez à le répéter plus que cela ne vous est supportable, si vous êtes de nature pressée ou intransigeante.

Dans ce cadre, Exode 6.28 à 6.29 évoque le jour où, après de longs mois, voire de longues années de préparation, de travail sur vous-même et sur votre œuvre, à la suite des premiers résultats insatisfaisants, vous avez encore à répéter l'opération en l'ajustant si nécessaire. Ces répétitions sont incontournables. Elles augmentent vos chances. Mais le croyez-vous ? La réponse est livrée par la réaction de Moïse dans Exode 6.30.

En effet, à ce stade, l'appréhension monte, elle peut même devenir paralysante à cause des déceptions antérieures.

Dans ce sens, Exode 6.30 évoque le moment où, après une première, une deuxième, voire une troisième déception, votre doute sur vous-même reprend le dessus. Alors, vous vous dites : « *je n'y arriverai jamais* », et l'envie de tout laisser tomber vous envahit.

Alors, tenez bon. Car le SEIGNEUR ne vous abandonne pas à votre peur. Il vous promet de nouveau et, pour vous rassurer, Il vous donne des signes pour réactiver votre courage. Il vous murmure de continuer, de tenir bon pour atteindre votre but. C'est l'un des premiers messages évoqués dans EXODE 7.

Messages d'Exode 6.28 à 6.30 pour vous qui déployez beaucoup d'efforts : il se pourrait que vous soyez tenté de vous résigner d'accepter votre situation telle qu'elle est, en délaissant vos efforts, alors qu'en vous une force vous murmure de persévérer afin de déclencher un arrangement, ou pour faire autrement afin d'aller de l'avant.

Dans l'affirmative, priez Dieu Notre Père en faisant seulement ce qui vous est possible pour l'instant, et tenez bon. Poursuivez votre chemin. En effet, tant que vous manifestez véritablement le désir de le suivre tout en faisant de votre mieux, rien ne peut vous retenir pour toujours.

Il se pourrait, enfin, que vous ayez seulement à vous rappeler que vous n'êtes pas seul face à la situation qui vous accable actuellement. Une Force Bienveillante cherche à vous en libérer, à condition de suivre votre *cœur* en douceur, mettre en pratique les bons conseils que vous recevez, ou d'accepter la modification de votre programme, afin que les choses se passent en douceur.

Si rien ne se passait malgré vos efforts, alors il se pourrait que vous ayez seulement à accepter les choses telles qu'elles sont. Dans ce cas, vouloir qu'il en soit autrement, à n'importe quel prix, signifierait que votre confiance en Dieu Notre Père est immature.

Dans ce cas, priez humblement Dieu et demandez-Lui que sa Volonté, par vous et à travers vous, s'accomplisse à votre niveau. Parce que sa Volonté est celle d'un bon père ou d'une mère bienveillante qui cherche le bien de son enfant.

En effet, Dieu ne nous a pas créés pour une raison autre que le plaisir de nous voir heureux si vous êtes un homme, heureuse si vous êtes une femme. Exactement comme Il avait le plaisir de rendre visite à Adam et Ève avant leur chute, ne leur demandant rien d'autre que de vivre en se préservant de ce qui pouvait nuire à leur véritable bonheur, de ce qui pourrait les exclure d'une vie sainte, lumineuse et joyeuse.

Alors oui ! Du mieux que vous pouvez, agissez pour que votre vie soit sainte, lumineuse et joyeuse : c'est très bien ainsi.

Table des matières

NB : Source des images :

- Personnage à genou en prière : Pixabay – Clker–free–Vector–Images, sponsorisées par Istock Ltd Deal.
- Mains levées vers le ciel : La Parole Qui Restaure.

Couverture : © Epictura – bolina

Merci beaucoup aux auteurs et aux diffuseurs. Il s'agit là d'images nous rappelant le respect à Dieu Notre Père notamment pendant la prière. Je souhaite qu'Il vous bénisse et vous comble harmonieusement. Amen.

www.ingramcontent.com/pod-product-compliance
Lightning Source LLC
LaVergne TN
LVHW010702110826
845149LV00014B/3201

* 9 7 8 2 9 5 9 3 0 2 4 2 8 *